JN273907

この１冊を読めば仕立て、誘引、デザイン、立体的な庭づくりなどすべてがわかる

つるバラ & 半つるバラ

Climbing Roses & Shrub Roses

コマツガーデン
後藤みどり

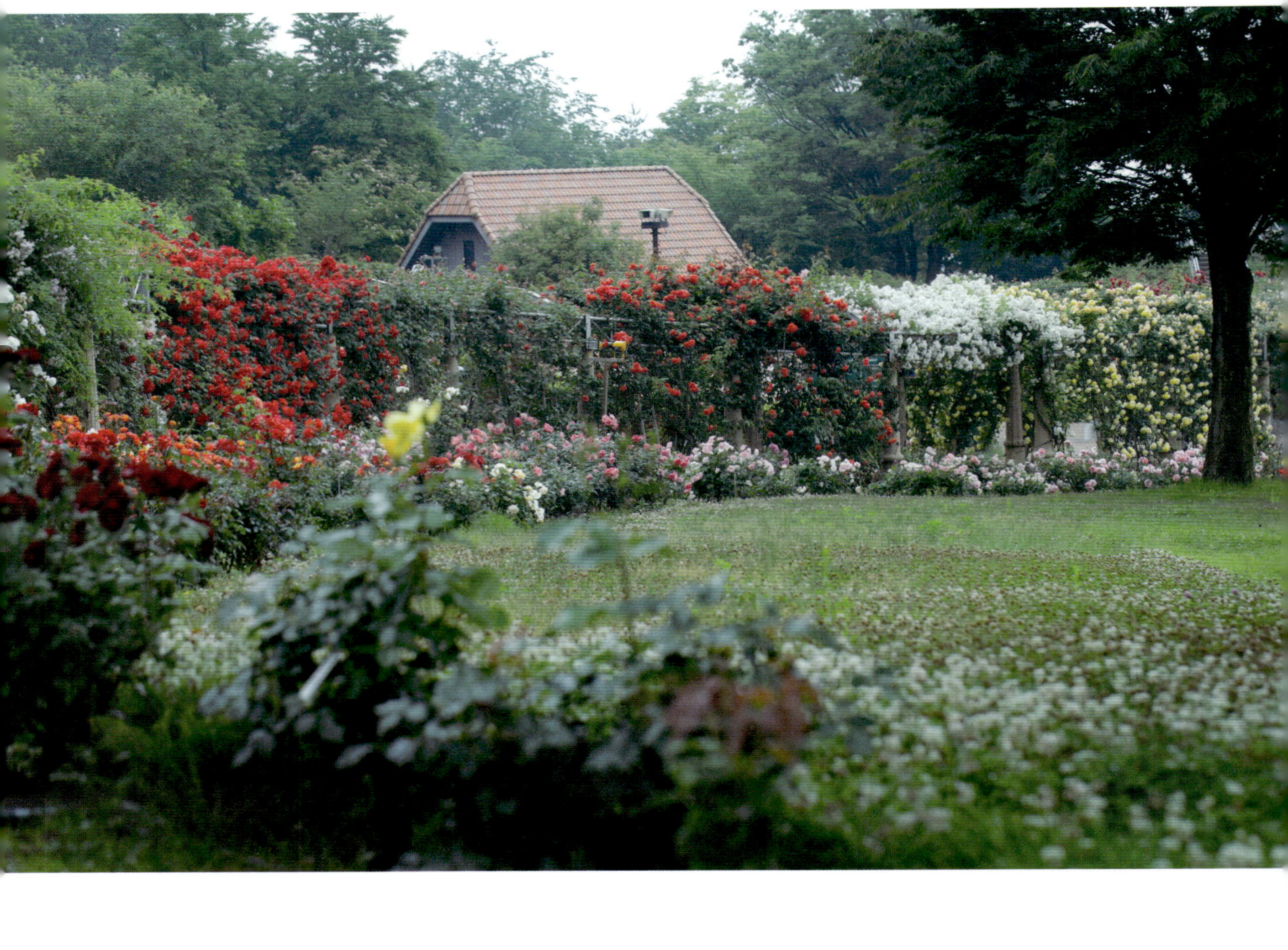

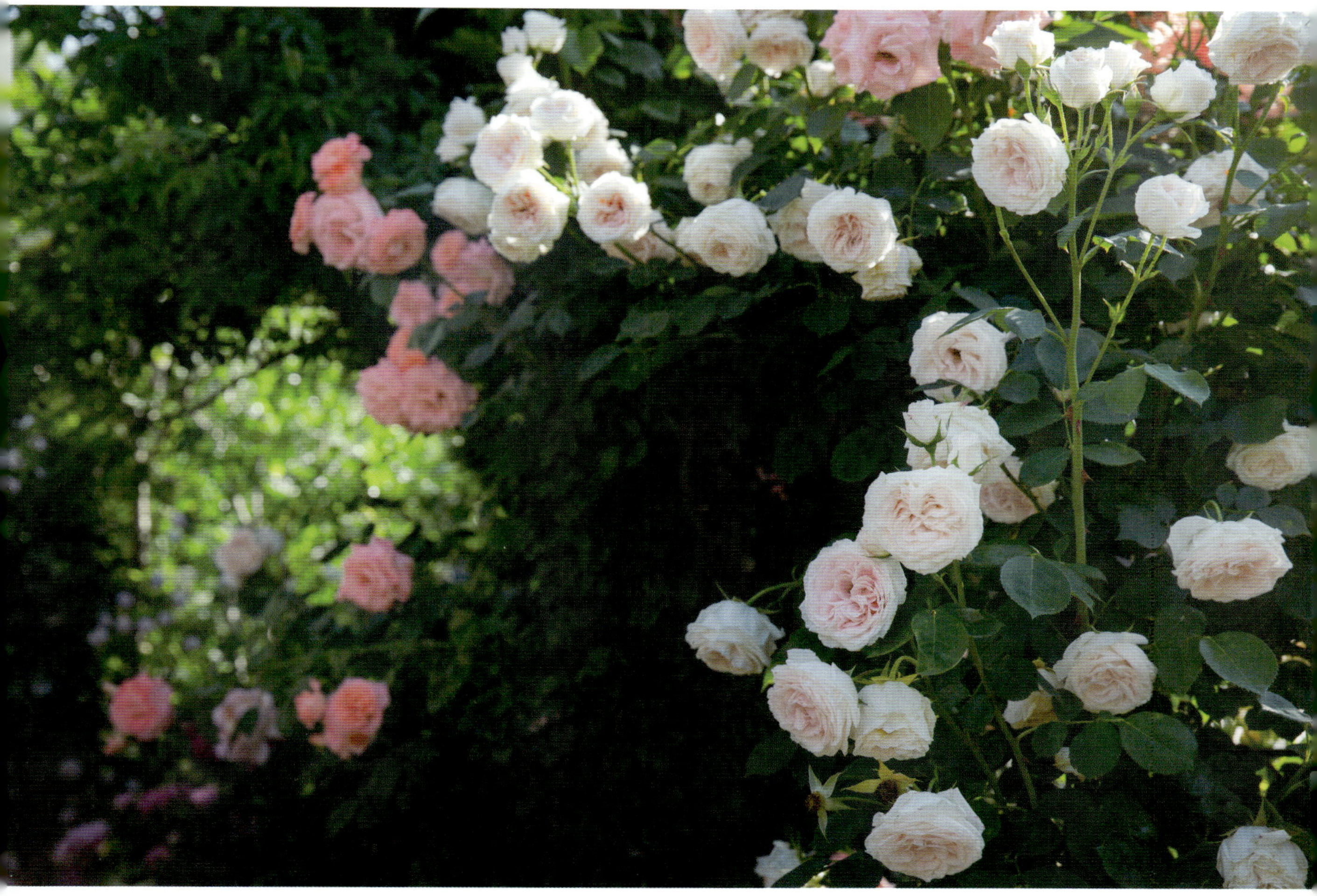

はじめに

　庭は、昔から多くの人々を魅了してきました。庭園の魅力について深く掘り下げ考えてみると、その時代ごとの文化が色濃く表現されているということに気づきます。現代の庭を半世紀前のものと比較すると、鑑賞するものから人が集う場所に変化しています。人が庭を構成する一部になっているといえるでしょう。

　海外の庭園を見てみると、庭に足を踏み入れた人がその場に溶け込み、和むことができる空間づくりをしています。そこで存在感を放つのがつるバラや半つるバラです。それらはたくさんの品種が植栽されていなくとも、主役に近い佇まいを醸し出しています。

　つるバラと半つるバラは、人と庭、建物と庭をつなぐ役割を担います。そして、美しい景色の一部や部屋のように包み込む空間、その場にいるだけで心地よく感じるような庭づくりを実現してくれます。

　本書がバラ愛好家だけでなく、バラのある庭づくりを楽しみたいすべての方の参考になれば幸いです。

後藤みどり

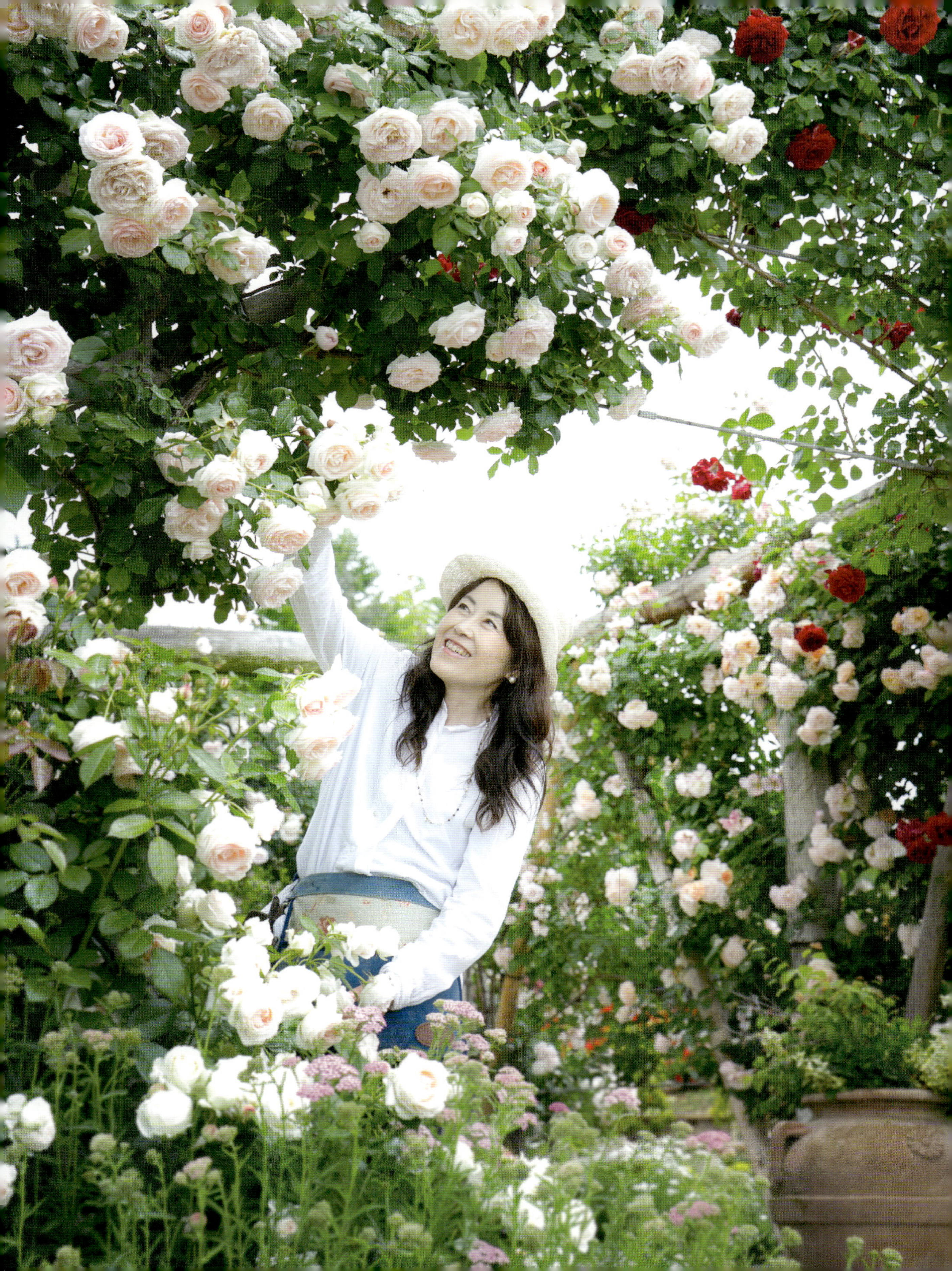

Contents

4 はじめに

Chapter 1 つるバラ、半つるバラの基本
9

10 つるバラ、半つるバラの魅力
11 樹形を知る
12 つる状のバラ
16 つるバラ、半つるバラの仕立て
20 大苗と新苗
22 枝づくりの考え方
26 地域による違い

28 Column 1 香りのシャワー

Chapter 2 立体的な庭づくり
29

30 立体的な庭とは？
32 用途別の庭づくり
34 Type 1 個人邸
42 Type 2 商業施設
46 Type 3 オープンガーデン
52 Type 4 ショップ
54 鉢植え
56 花色の組み合わせ
58 花や草木との組み合わせ
66 クレマチスの咲く庭

68 Column 2 バラを通した園芸療法

Chapter 3 つるバラ、半つるバラ図鑑
69

70 仕立て別おすすめ品種
74 図鑑の見方
75 つるバラ
135 半つるバラ

154 Column 3 時代を越えて人々を魅了するルドゥーテ

155	Chapter 4	一年間の作業

- 156 まずは土づくりから
- 158 新苗・ロング苗の鉢植え替え
- 162 新苗・大苗の地植え
- 164 夏の対策　暑さ、乾燥、風通し
- 165 枝づくりの基本作業
- 166 アーチの枝づくり
- 167 オベリスクの枝づくり
- 168 壁面の枝づくり
- 169 自然樹形の枝づくり
- 170 大苗の鉢の植えつけ
- 171 大苗の地植え
- 172 プランターの土替え
- 174 冬の剪定と誘引
    ラダー（はしご）
- 175 オベリスク
- 176 アーチ
- 177 フェンス
- 178 バラの冬支度
- 179 つるバラの越冬
- 180 バラ栽培の年間カレンダー
- 182 つるバラ栽培のおすすめアイテム

- 186 Column 4　おすすめバラ園

187	Chapter 5	病害虫対策

- 188 農薬に対する考え方
- 189 病害虫対策の基本
- 190 バラに発生する主な病害虫と対策
- 192 薬剤の選び方
- 194 おすすめ薬剤
- 196 花き類登録農薬
- 200 バラの栽培と農薬
- 201 薬剤の取り入れ方

- 202 INDEX
- 206 ROSA VERTE ロザヴェール
- 207 おわりに

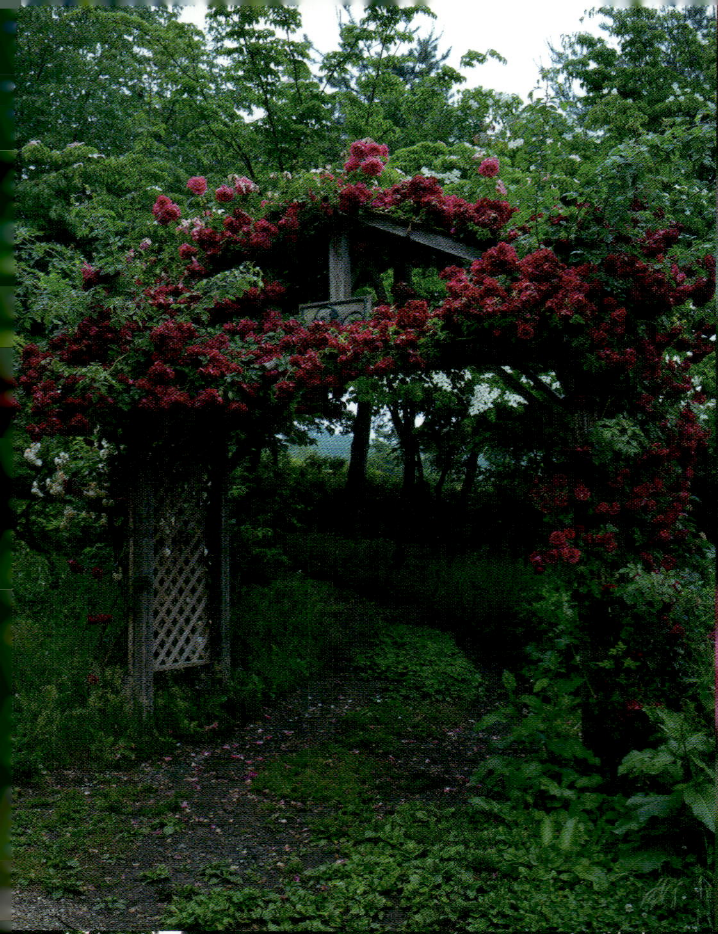
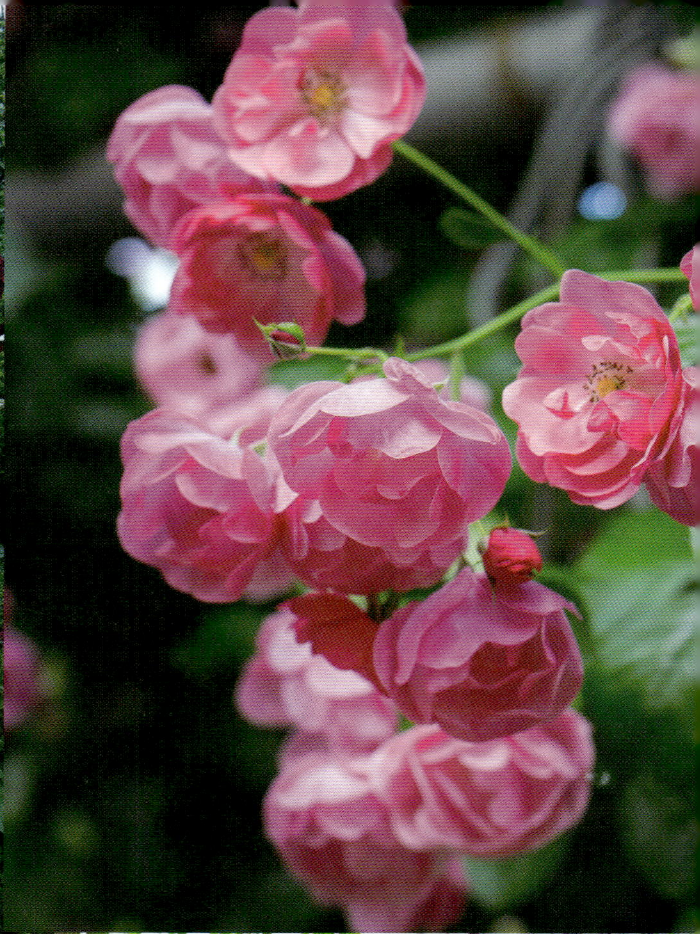
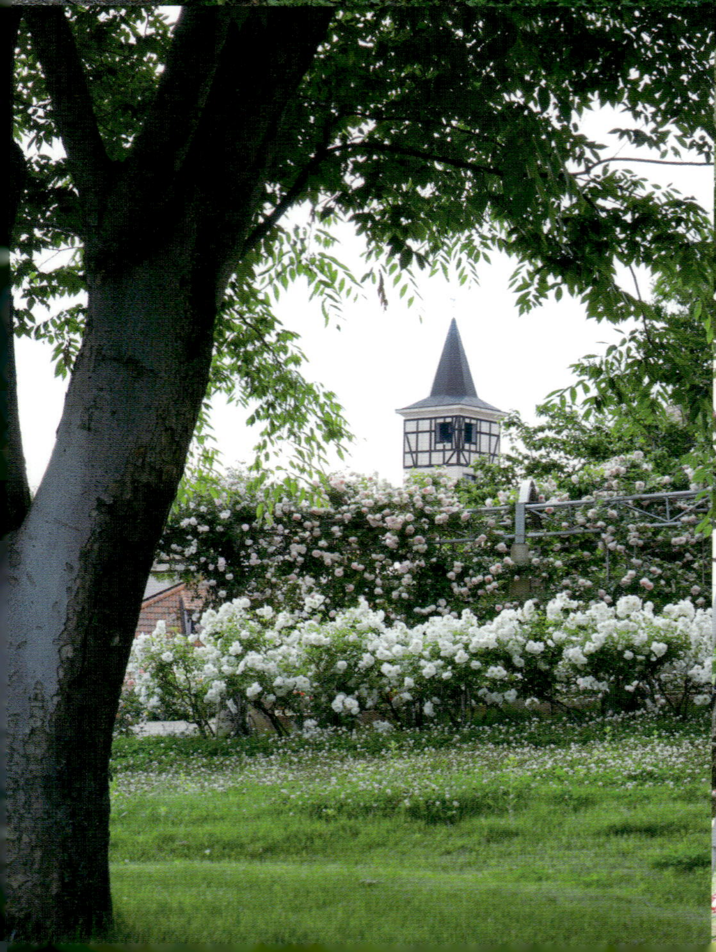
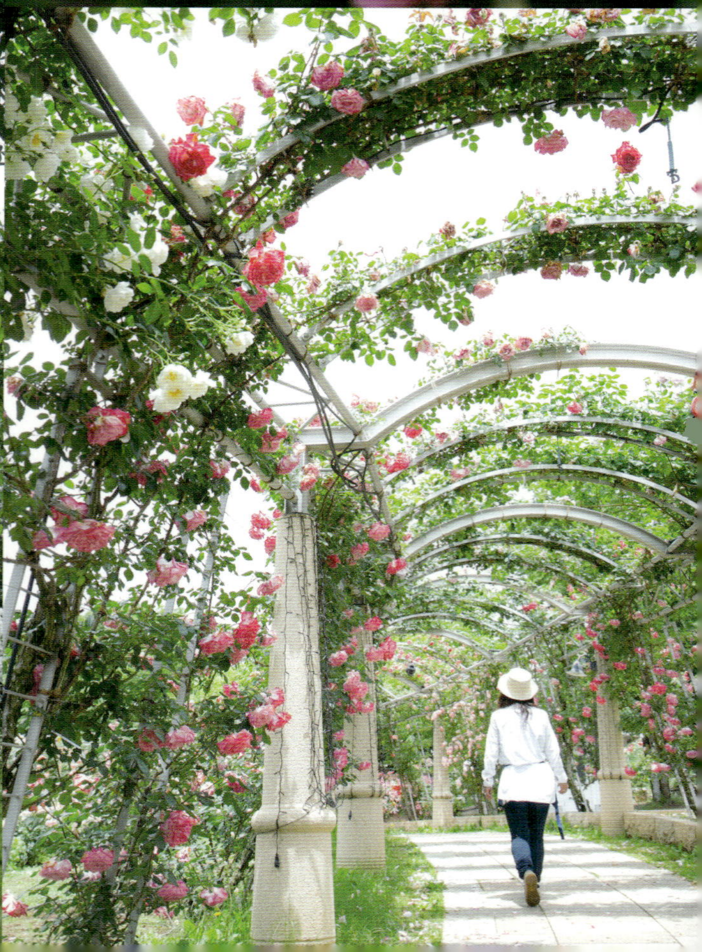

Chapter 1

つるバラ、半つるバラの基本

つるバラ、半つるバラの魅力

夢の花園を実現するつるバラ

　バラの庭と聞いて思い浮かぶのは、アーチに咲いているバラの姿、という人も多いのではないでしょうか。バラの魅力は大きく広がり立体的に空間を花で埋めつくす夢のような世界が実現できるところにあります。

　庭は、自由な発想で歩く道をつくり、花壇をしつらえ、木や花を植えるもの。好きなように夢の世界をつくれる場所です。そこにつるバラを加えることで、緑の空間に虹がかかったように、高さのある花が美しく咲き乱れます。

　つる状に伸びるバラは、広い壁に這わせたり、塀やフェンスを彩ったり、ポール状に花柱をつくることができます。出窓に沿って這わせれば、5月の風に乗ってバラの香りが運ばれ、部屋が芳香に満たされることでしょう。こんなにバラエティに富んだ植え方ができる花はほかにはないといっても過言ではありません。

　つる性のバラは、ボリューム感においても、圧倒的に木立性のバラを上回ります。最近の住宅の外壁はシンプルなデザインが増えていますが、そういう場所にこそ生きた植物を取り入れることで、趣深くやわらかな雰囲気を演出することができます。景観としても心地よいものになり、きっと住まう人もその家の前を通る人もつるバラの伸びゆくみずみずしい姿に癒されることでしょう。

　バラは力強さとやわらかな花姿で私たちを楽しませてくれる、最高のつる性植物です。

扱いやすい半つるバラ

　今の時代、シンプルで無駄を省くことがスマートな生活スタイルといわれています。だからこそ、個性や感性を大切にしたオリジナリティの高い表現が求められるという部分もあります。半つるバラはほかの植物とも合わせやすく、庭に絵を描くように、枝を自由に切ったり結んだりして花を楽しむことができます。剪定にそれほど技術なんていりません。どこを切っても花が咲く品種が多いからです。

　すてきなアイアン製のトレリスやピックなどに気ままに誘引すると、ナチュラルな姿に仕上がり、その無造作な感じがおしゃれに見えます。さらに強い樹勢を持ち、あまり農薬を使わなくても育つ品種が多いことも魅力です。これからの街の緑化は、枝の動きがしなやかで花つきもよく、丈夫な品種が増えることが見込まれます。半つるバラが主役となり植栽されることは間違いありません。そして、女性でも扱いやすいつる性のバラとしてますます愛されようになるでしょう。

　半つるバラの普及とともに、バラに対する管理の概念が大きく変わっていくことでしょう。

樹形を知る

特性をいかす

　バラは紀元前からある植物で、スウェーデンの植物学者カール・フォン・リンネ（1707-1778年）が分類した植物の中にバラ科という集団があり、バラ科にはサクラ、モモ、ウメ、キイチゴ、リンゴ、ユキヤナギ、ビワ、サンザシ、ボケなど、3000種以上の植物が含まれます。バラはバラ科バラ属で、サクラやモモのような主幹が太くなる樹形にはならず、地際や枝の途中より新しい枝が出て、常に樹形を変えながら育ちます。

　つるバラはつる性といっても、みずから枝を巻きつけ、絡まっていくことはありません。むしろ木立ち性のバラが大きく生長すると考えたほうがいいでしょう。つまり樹形には、1〜2m前後で花を咲かせる木立ち性と、それ以上伸びて枝を広げていく大型の木立ちバラがあり、その大型の中に枝を伸ばしながら咲くつるバラ、半つるバラが含まれるのです。

　この樹形をいかして枝づくりをすると高低やボリュームのつけ方次第でバラをメインにした美しい庭をつくることができます。「樹形を知る」ということは、その性質をいかしたバラづくり、庭作りができるということにつながります。

地域差は実践でカバー

　海外の有名なローズガーデンでも、つるバラ、半つるバラが色どりやバランスを考えられて配置されていることが多いです。

　ただし、環境の違いによる生育の差は大きく、樹形や樹高に影響します。本書などを参考に、実際に育ててみながら探っていくことも必要でしょう。そのため、幼苗期を鉢植えで育てて、その枝の伸び方や咲き方を観察してから地植えするという方法もあります。

　バラは樹形によって生長の過程が大きく異なります。それがバラのおもしろさでもあるのですが、樹形に合わせて剪定や栽培管理の仕方を変えるため、難しい花だと思われるかもしれません。

　まずは、品種によって異なる、伸長力と枝の広がり方、花が咲く枝の太さがわかるとコーディネートしやすくなります。本書ではつるバラと半つるバラといわれる伸びるタイプのバラを樹高のサイズ別にくわしく解説していきたいと思います。

つる性バラ（ランブラーローズ） 　　半つる性バラ（シュラブローズ） 　　木立ち性バラ（ブッシュローズ）

つる状のバラ

ダイナミックな庭づくりには つるバラ

　つるバラをもう少しくわしく見てみると、クライミングローズのほかに「ランブラーローズ」と呼ばれるタイプがあります。ランブラーローズはとても伸長力があり10mも枝を伸ばします。さらにランブラーローズからクライミングローズへ改良された品種や、木立性のバラの枝変わり種で生まれた4〜5mくらい枝を伸ばすクライミングローズもあります。

　花が小ぶりで枝の伸びも2m前後、半つるバラの仲間に入りそうなミニバラ系のクライミングローズや、オールドローズの中にも枝の伸長力が高く、ローズガーデンでつる状のバラとして扱えるタイプもあります。

　ひとくくりにつるバラといっても、これほど枝の伸長や花の大きさ、色、香りまで幅広く、庭づくりのニーズに合わせて育てられるのです。株が伸びる高さ、幅、花径の長さを知ることで扱いやすくなることでしょう。

　つるバラと半つるバラは、鉢植えで育てている状態では違いを見分けることが難しいです。しかし大きく仕立てるにはつるバラが向いていて、半つるバラではまかなえません。地植えでダイナミックに花を咲かせたり、長く伸ばしたりする仕立ての時には、つるバラを使いましょう。

[つるバラの種類]

■ランブラーローズ
日本の野バラのロサ・ムルティフローラやロサ・ルキアエのほか、ロサ・モスカータ、ロサ・セティゲラなどを親に持つ。もっとも枝の伸長力があり、10mになるものもある。

代表品種／アルベリック・バルビエ、ギスレヌ・ドゥ・フェリゴンドゥ、トレジャー・トローヴ、ファイルフェンブラウ、フランソワ・ジュランヴィル

■クライミングローズ
四季咲き木立性から突然変異で枝変わりとして生じた品種。名前に「つる」がつけられてる。

代表品種／つるゴールド・バニー、つるダブル・デライト、つるマダム・カロリーヌ・テストゥ、つるマリア・カラス、つるミセス・サム・マグレディ

■ミニバラ系のクライミングローズ
ミニチュアローズや小輪系のつる品種が交配親として生まれた品種。枝は2mくらいで小ぶりの花を咲かせる。

代表品種／芽衣、雪あかり、夢乙女、玉蔓

■オールドローズのランブラーローズ
ミニチュアローズや小輪系のつる品種が交配親として生まれた品種。枝がつる状に伸び、花の大きさはさまざま。

代表品種／キモッコウバラ(ロサ・バンクシアエ'ルテア')、ポールズ・ヒマラヤン・ムスク・ランブラー

オーギュスト・ジュルベ　　　　　　　　　　　　　　　　　　新雪

雪あかり　　　　　　　　　　　　　　　　　　　　　アンクル・ウォルター

つる状のバラ

性質も楽しみ方も多種多様
半つるバラ

　本書では、つるバラ（クライミングローズ、ランブラーローズ）に含まれないつる状のタイプをすべて半つるバラ（シュラブローズ）に入れています。

　半つる性バラの中にも樹形の違いがあり、木立ち性に近いタイプ、低木として半広がる半直立タイプ、縦に長く伸びてから枝先が下垂するタイプがあります。それぞれ古くから交配をくり返されてきたため、いろいろな性質が現れると考えてください。

　木立ち性に近くコンパクトにまとまるシュラブローズは、一見木立ち性との区別がつきづらく、剪定で短く切るとブッシュ状にまとまります。四季咲き性を持つものが多く、狭いスペースにも向いているタイプです。

　本来のシュラブの樹形をもっとも表しているのは、デビット・オースチン氏が確立したイングリッシュローズや、日本では「修景バラ」とも呼ばれているおもにメイアン社作出のメンテナンスにあまり手間のかからない品種、オールドローズの一部が挙げられます。これらのタイプには、枝が太く硬いものもあれば、たおやかでやわらかいものもあります。低木として使うことで美しい自然樹形になります。日本では仕立てという文化があり、アサガオのあんどん仕立てやキクの仕立てなどは、今でも伝統文化のひとつとして親しまれています。シュラブタイプは仕立てにも向く品種が多いですが、そのままの姿に少し手を加えて楽しむほうが本来の美しさを損なわない気がします。

　日本では年々、シュラブタイプのバラが多く出回るようになっています。理由のひとつは、耐病性、樹勢が強化された品種が海外から紹介されているからです。丈夫でよく咲き続けるバラが庭木のトップになるのも遠い未来ではないでしょう。樹形の美しさはバラらしさを表現するうえでとても大切です。これからはシュラブタイプを自由に表現して楽しんでほしいと思います。

［半つるバラの種類］

■シュラブローズ

・木立ち性に近いタイプ

代表品種／アンブリッジ・ローズ、ザ・プリンス、ウィズレー・2008

・低木で半広がる半直立タイプ

代表品種／アイバーズ・ローズ、ウィリアム・モーリス、ムンステッド・ウッド、ラベンダー・ドリーム

・木縦に長く伸びてから横に流れるタイプ

代表品種／イングリッシュ・ヘリテージ、グラハム・トーマス、フォーチュンズ・ダブル・イエロー、フランシーヌ・オースチン

ラベンダー・ドリーム　　　　　　　　ムンステッド・ウッド

イングリッシュ・ヘリテージ　　　　　フランシーヌ・オースチン

つるバラ、半つるバラの仕立て

場所に合わせて仕立てる

　これまで多くの方のアドバイザーとしてバラ栽培の現場を見てきた実感として感じるのは、育てる場所を決めずに品種を選んでいるケースが多いということです。ほとんどの場合、本来納めたいスペースより大きくなりすぎてしまい、持て余しているようです。

　バラは数多くの品種がありますが、そのバラのよさが引き立つのは、適した場所で仕立ててこそ。育たずに小さすぎて困るという場合以外は、思い切って剪定をしてその場所に合わせることを第一に考えましょう。できれば少し間隔を空けながら仕立てられたら最高です。

　苗を購入する時は、花の色や咲き方だけでなく、仕立てるにあたり不都合なことはないかをチェックすることが大切です。

　はじめてバラを育てる方は枝を切ると枯れてしまう、かわいそうと、思い切った剪定ができない場合が多いと思います。バラは、剪定してあげることで株の負担が減り、充実した花を咲かせることができます。もし、場所に合わせられずに無理して枝を残し、はみ出してしまうような仕立てをしたなら、つるバラの樹形の美しさを損ねてしまいます。本来ならたおやかで優雅に枝を伸ばして咲き誇る樹形のバラが、窮屈で美しくない姿になってしまうこともあるのです。

　実は、つるバラは移植も簡単です。その場に合う品種を選べなかった時には、移植して違う品種を植えるのもひとつの選択肢としてあります。さまざまな表情で庭を彩ってくれるバラだからこそ、一つひとつのコーナーを美しい絵画のごとくつくり上げ、楽しんでいただきたいです。

　なかなか最初から絵を描くようにはいかないのも当然のこと。バラに限らず植物は、思い通りに生長しないことのほうが多いものです。時間と手間をかけることが庭づくりの醍醐味。じっくりとその場に合わせてしつらえ、手をかけながらつくり上げていきましょう。

　なにか変化をつけたりする場合も、つるバラ、半つるバラは枝を動かし姿を変えることができるので、どのようにするか今はイメージが浮かばなくても、その場ごとに考えがまとまったらはじめましょう。その時、くれぐれも欲張りすぎないこと。枝の整理が美しい空間を生み出します。

　長くつるバラと向き合っていると、次第に見えてくる枝の流れの美しさがあります。それに気づくためにはじっくりバラと付き合うことが大切です。

育てる環境を考えてその場に合った品種を選ぶことがポイント

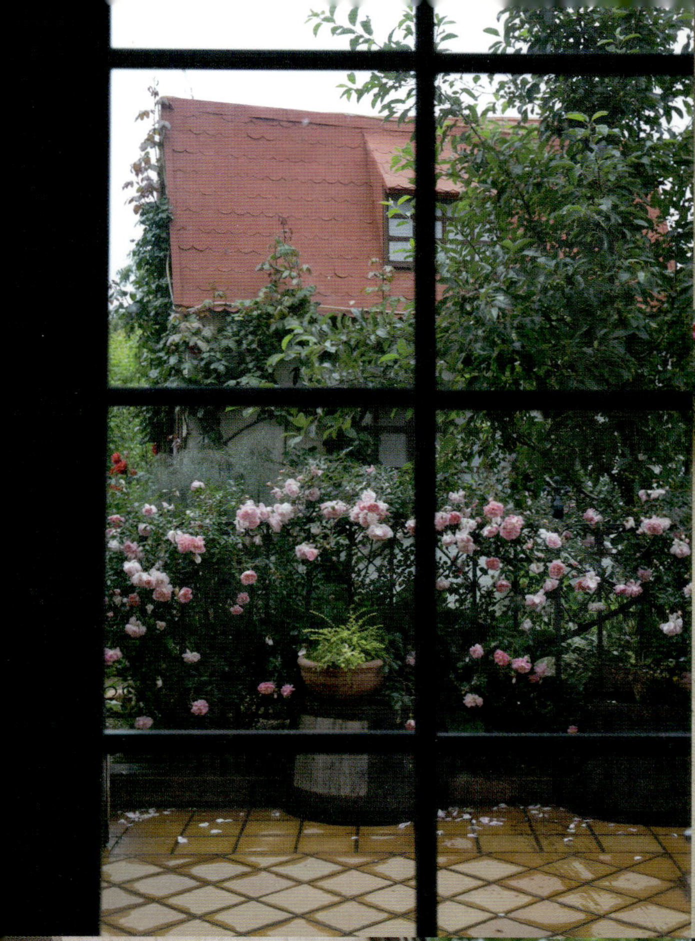
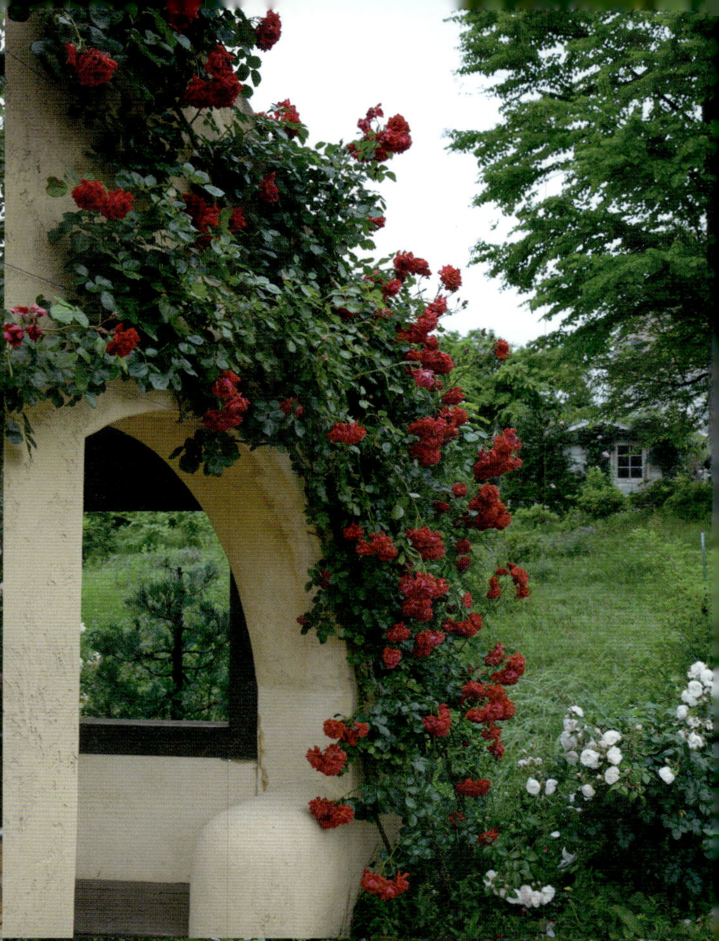
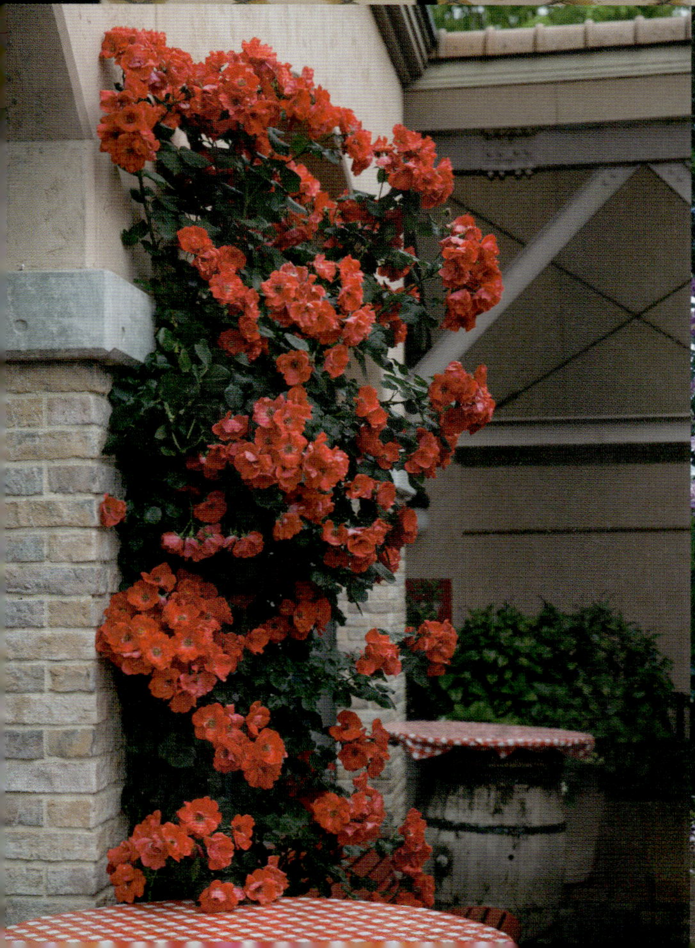
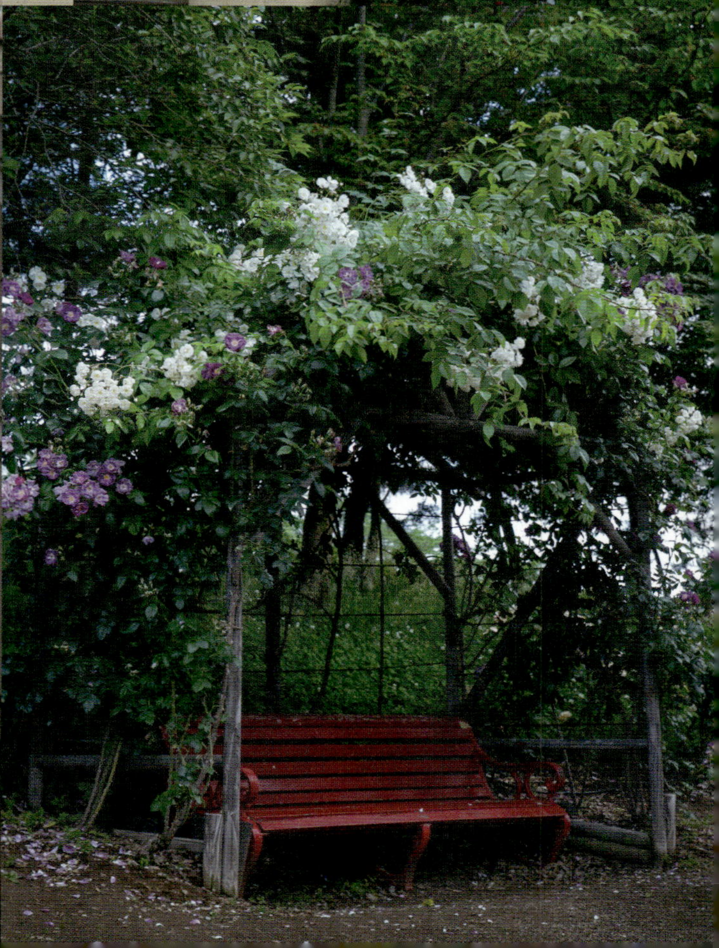

つるバラ、半つるバラの仕立て

自然な樹形をいかして仕立てる

「つるバラの枝先が揺れる雰囲気が好き」と、つるバラの魅力を感じる人が多いようです。初夏のみずみずしく勢いよく伸びていくつるバラの枝ぶりは、涼しげで軽やかな表情をしています。そんな姿を追求していく中で、自然なままの姿を表現できたらすてきなのではないかと感じるようになりました。では、どうしたら狭い敷地で「自然なままの姿」の仕立てができるのでしょうか。

元来、日本には盆栽という文化があり、広大な景色を突きつめて縮小することで表現してきました。これをつるバラでいかせばいいのです。

植えたばかりの苗では、どんな姿になるかわかりませんが、2～3年も経つとその姿も見えてきます。品種によって樹形はパターン化できます。そのバラのひとつひとつの特徴をどのようにいかすかを考えましょう。そうすることで剪定も誘引作業も楽しくなってきます。つるバラの個性のいかし方は栽培者次第なのです。

難しくとらえる必要はありません。ありのままの姿のバラを見て、その美しさはどこにあるのかを自分なりに感じてその枝を扱えばいいのです。

時には、剪定のセオリーというものを無視してもいいと思います。私は先日、冬のバラの剪定でわざと細枝の先を切らないで誘引しました。夏～秋に伸びていた枝が実に自然で美しく感じ、その姿を春に花を咲かせる姿のまま応用したかったからです。枝先に花がつかないことはわかった上で、野性味あふれるドラマチックな姿にしてみたかったのです。

なにを美しいと感じるかは人それぞれ。ただ大きく育てるということではなく、バラの持っている素の美しさをいかにその場に合わせて表現していくかが自然な樹形をいかした仕立てにつながります。だからこそつるバラの仕立ては、限りない表現の可能性があって楽しいのです。

大きな木に絡めたり、湾曲していく枝ぶりをダイナミックに仕立てた姿は実にチャーミングです。

つるバラの最大の見せ場をどのように仕立てていくかという課題に取り組むことは、栽培者から演出家になる気分だといえます。冬の寒さなど感じている暇はないほどわくわくしながら夢中で仕立てています。

その結果は1回や2回では大成功とはいえないかもしれませんが、花咲く季節は自己満足と反省の入り混じった充実感に満たされます。つるバラの性質を知れば知るほど、奥深くやりがいのある作業は続きます。そのうちに花も葉もない枝を結びながら、花の咲いた満開の姿を思い浮かべることができるようになります。そうなれば、今よりももっと作業が楽しくなることでしょう。

自然樹形をいかしてバラの個性を
引き出すのも楽しみ方のひとつ

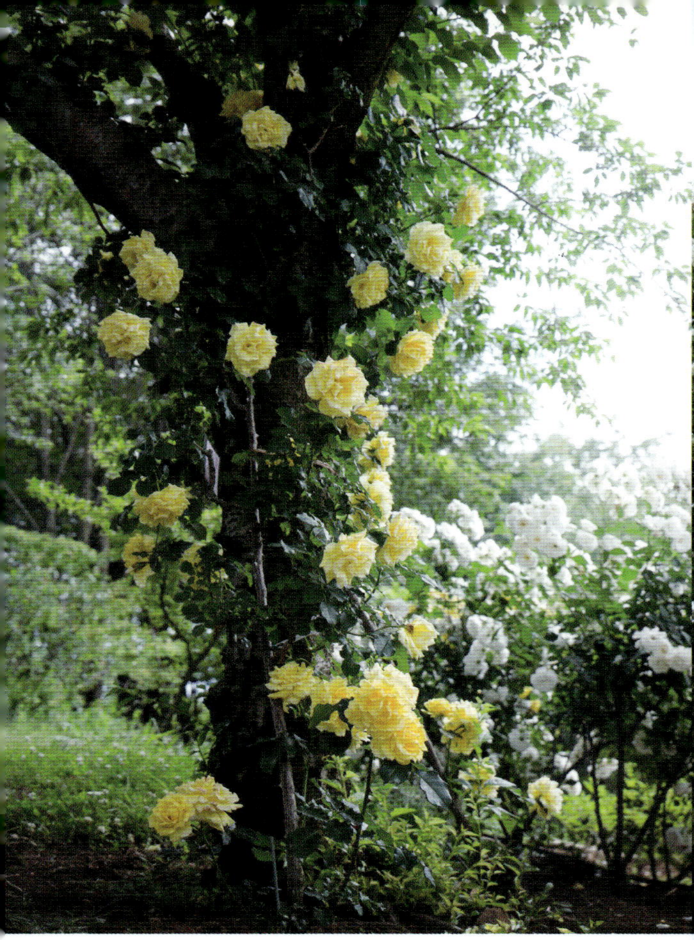
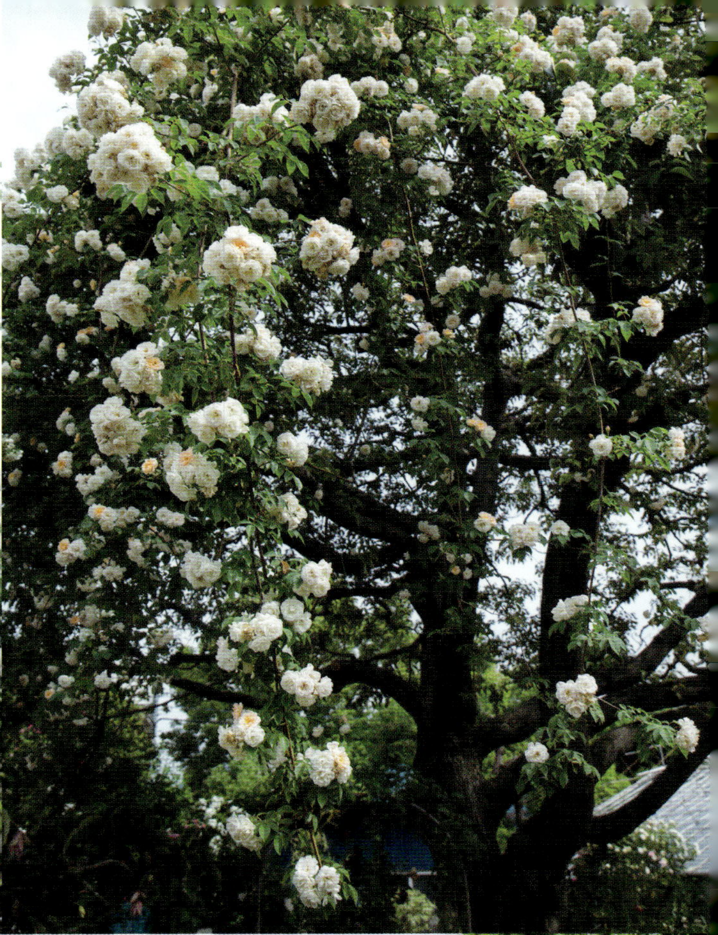
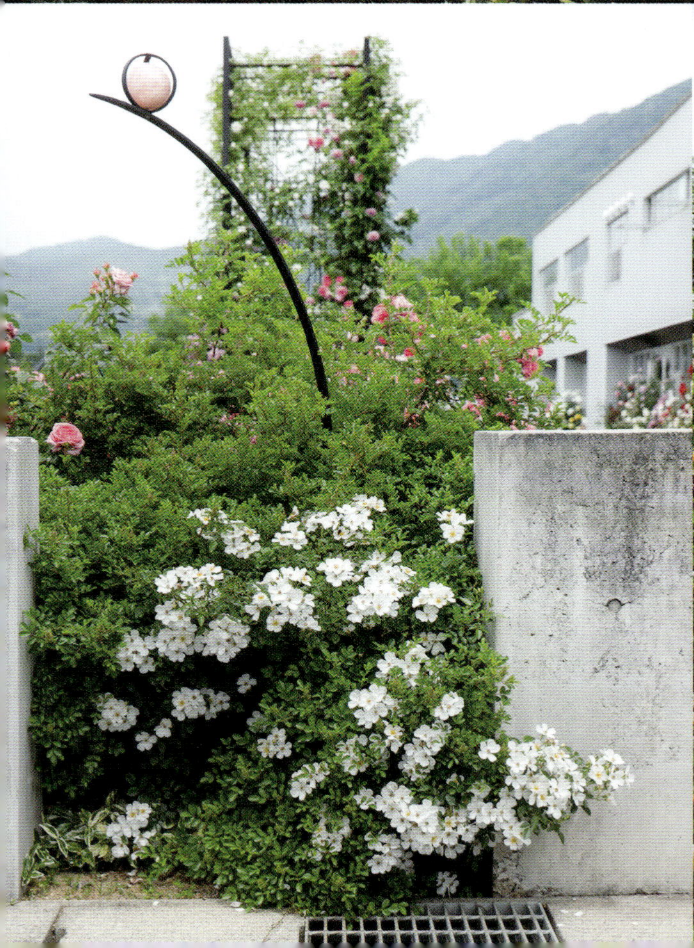
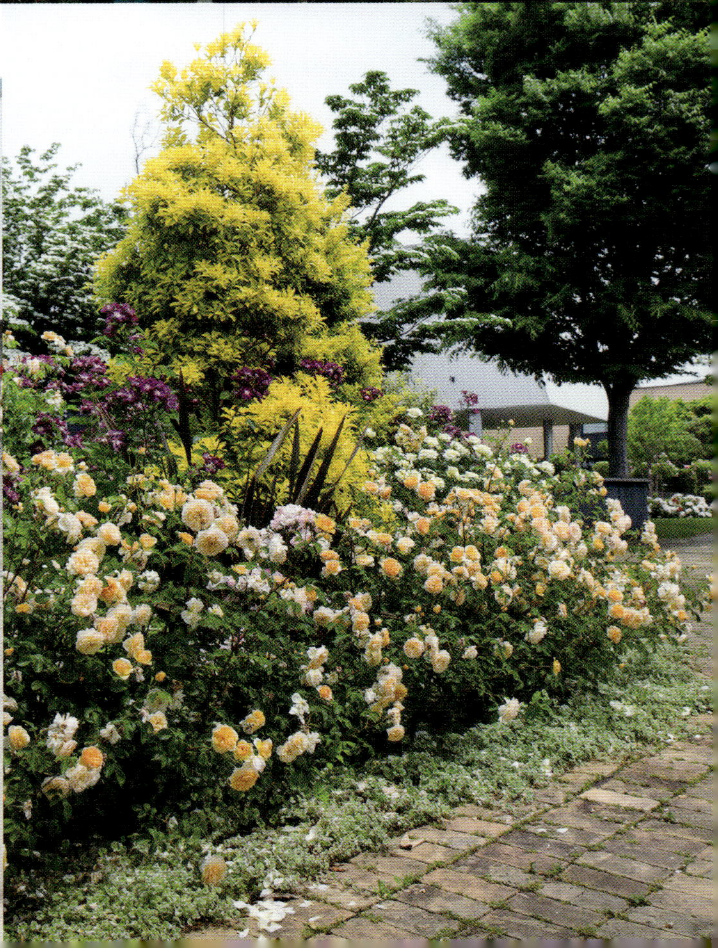

大苗と新苗

新苗

秋から冬にかけて接ぎ木をして、葉を出させ伸ばした苗です。接ぎ木から約4～7ヵ月で販売されます。安価ですが、つるバラの新苗は花を見て購入することができません。1年育てて翌年の春から花が楽しめます。

枝がしおれていない、傷や病害虫の見られないもの、節が詰まって間延びしていないものを選びましょう。

大苗

新苗を約半年、畑で育てた後に掘り上げて鉢植えにし、冬から販売される2年目の苗のことです。新苗よりも高価ですが、株は丈夫で翌春からほとんどの品種で花を見ることができます。

葉がない時期から販売されます。枝が硬く傷やしおれのない丈夫なものを選びましょう。早く伸ばしたい時や、半日陰など環境条件が悪いところでは、すでに大きく育っている長めのロング苗（長尺苗）がおすすめです。

[生長記録]

6月 同じ環境、同じ品種（ロココ）の新苗と大苗をネット前に植えました。どちらの苗を植える時も、きちんと土を掘り返して土壌改良ことが大切です。土づくりについては、p.156を参照してください。

大苗 　　　　　　　　　　　　　新苗

9月 大苗は下はあきらめて上へ上へ伸ばし、来春のための枝づくりをします。太い枝は横に、細い枝は上に枝を運びます。新苗は表面積が小さく、この時点では主となる枝を決められないのであまり切りません。

大苗　　　　　　　　　　　　　　　　新苗

11月 どちらの苗も、それぞれ枝を剪定・誘引し枝作りをします。大苗は上へよく伸びたので、横方向へも這わせていきます。新苗はまだまだ横ではなく、上へ伸ばすように誘引していきます。

大苗　　　　　　　　　　　　　　　　新苗

枝づくりの考え方

生長を観察して楽しむ

販売されている園芸用のバラは苗木の状態で、定植して2～3年かけて成木になります。さらにつるバラを理想の姿に誘引していくには3年以上かかります。

株が若いうちはなるべく花を咲かさずに葉を増やし、木として充実させていくことが大切です。一本いっぽんの枝に日光が当たるようにして、水分や養分を供給してあげれば自然と枝が伸び、すくすくと育っていきます。

枝が伸びはじめたら、どんな姿にするかによって方向を定め、枝を仮に留めていきます。これを仮誘引といいます。あまり無理に曲げると枝が折れてしまうので注意しましょう。

その後、夏場になるといろいろな虫がバラの新芽を狙って食害します。せっかく伸びた枝先を食べられてしまっては、生長も止まってしまいます。日々、枝先を観察して順調に伸びるように見守りましょう。

乾燥しすぎも新芽の生長を妨げます。定期的な水やりを習慣化することが大切です。何本か主幹となる枝が出て、樹形が決まるまでは、じっくり時間と手間をかけて楽しみましょう。

整枝を意識する

バラの勢いを衰えさせずにその樹形を維持していけるか、剪定にかなり左右されるといっていいでしょう。バラに限らず、植物は生命維持のためみずからを生長させます。バラの枝が伸びるのも、バラ自身がコントロールしているわけです。

枝が邪魔だったり、その場に合わせたかたちにしたいという人間の都合で剪定をしてしまうこともあります。バラの都合も考慮しながら美しい姿に整える「整枝」を意識して剪定を行うことで、バラに過度なストレスを与えない生育ができます。

根の生育がよければ、常に新しい枝を伸ばしながら姿を変えていきます。新しい枝が生長に必要な枝であり、必要のない枝は時間をかけて朽ちていきます。バラを楽しむ私たちにできることは、それを手助けすること。バラが伸ばしたい枝を意識して、剪定、整枝、誘引をしてあげればいい

一つひとつの作業に意味があります。年間を通してスケジュールを立てましょう

のです。
　一枝ひとえだに日光が当たり、枝が広がって栄養分を運ぶ主幹となっていくような枝の配分を考えてあげれば、おのずからたくさんの花を咲かせ、見事な景色をつくってくれるはず。そのためには、毎年（品種によっても異なりますが）直径約2cm以上の新しい枝が出てくるような株づくりも大切です。

バラにとってよい環境をつくる手助けをするという気持ちで

シュートを知る

　新しく伸びた太めの枝のことをシュートといいます。樹木なら徒長枝と称される枝のことで、株元から出てくるシュートをベーサルシュートと呼びます。
　シュートを伸ばし樹形を整えながら姿をつくっていくのは、つるバラを育てる過程でとても大切な作業です。シュートは常に出るわけではなく、特に幼苗期や条件の悪い環境ではまったく出てこないということもしばしばあります。逆にいえば、シュートが出る状態をつくってあげれば、バラはとても立派に育ちます。
　古枝になってくると、シュートがいきなり枝の途中から伸びてきます。これは、そろそろ枝の更新をする時期がきたことを知らせるサインです。シュートが出たところから枝先のほうはだんだん衰えてきて、新しいシュートの先端へと栄養が運ばれます。
　常にシュートを意識しつつ、全体の枝ぶりのバランスも見ながら、更新する時期を見極めましょう。

シュートの様子を観察して、枝の更新のタイミングを図る

枝づくりの考え方

古株をいかす

　つるバラの枝は、光を求めて伸びていきます。水分や栄養が充分に足りていれば次から次へと新しい枝が出てきます。ただし、手を加えずそのまま伸ばし放題にしておくと枝同士が交差して混み合い、葉が茂りすぎて姿が乱れます。これでは、病害虫に侵されやすくなり、せっかく伸びた枝も早期にダメにしてしまうでしょう。

　選抜した枝のみを残し、風通しがいいように枝を広げてあげたほうが光が当たり、充実した枝に育ちます。

　日本は南北に長いため地域によって気候条件が異なり、バラの育て方もそれぞれの環境に合わせて対処しないと上手に育ちません。たとえば、氷点下20℃以下になる地域では、みずみずしくやわらかい枝では寒さにしおれてしまいます。そこで、シュートを何年か使い、株元は太く古くさせ、硬い木として育て上げると冷風にも強い木質化した枝になります。この「古枝をいかす」枝づくりは、太く丈夫な主幹となる枝をできるだけ弱らないように育てることが重要です。

　枝が弱ってしまう原因は、後から出てくる同じようなシュートに栄養を奪われてしまうから。主幹に選んだ枝の途中から太いシュートが出てきた場合は、主幹をいかしてシュートを切ります。枝先のほうに直径1〜2cmくらいの枝が出たら、それは来年の花を咲かせるための枝なので、そのままにしておきましょう。このようにすることで、古枝は4〜5年いかして花を咲かせられる枝として活躍します。

　地際から30〜50cmの位置には葉すらつかない状態になりがちです。何本かは方向を見ながら残し、あまり長く伸ばさず、分枝させておくこと。一度途中から切ってもいいでしょう。目安としては、幅3m×高さ2mのフェンスを覆うために、フェンスの中心に中大輪の花のつるバラを植えたとすると、シュートは左右にそれぞれ4〜5本あれば充分です。小輪花でも、5〜8本あればいいでしょう。

　樹勢が弱らない限り、シュートは毎年あちらこちらから出ます。慣れないと難しいかもしれませんが、必要な分の枝を選んで、思い切って切ることが大切です。

充実した枝をつくるためには、風通しをよくして枝を広げることが大切

下垂させる枝づくり

　つるバラは、上方や横方向へ枝を伸ばすものだと思っている人も多いようです。つるバラの中で地面を這うように伸びるランブラー系のバラは、1〜2m下垂させても先端まで花を咲かせます。

下方向に伸ばせるという発想があれば、生垣の上やベランダのテラス、ブロック塀の上を這わせることもできます。こんな楽しみ方があるのもつるバラの醍醐味です。ただし下垂させすぎると枝は弱ります。毎年、新しい枝を下げるように心がけましょう。

段々に切る

縦型に伸びる直立タイプで返り咲き、四季咲きの性質を持っているシュラブローズは地面から50ｃｍ、80ｃｍ、100ｃｍ、120ｃｍ、150ｃｍ、2ｍと段差をつけて切っておくだけで、枝を横に誘引しなくても先端から花枝が伸びて咲きます。

縦長にスペースがある場所や狭いところでは、シュラブローズを使って花がたくさん咲く雰囲気を楽しむのもいいと思います。手前にあまり出したくない場合は、腰の高さより下に枝をつくらず、止めて立ち上がらせてしまえばさらにすっきりとした姿で咲くことでしょう。

枝を垂れるように仕立てたり段差をつけて剪定するのもおすすめ

冬のバラのお手入れ

枝づくりの下準備は冬場のお手入れが大切です。春になり新芽が茂ってくると、「バラの手入れをしなくては」と思い立つ人が多いかと思いますが、枝を伸ばすために大切な作業は、バラが休眠している冬季です。

冬に地表を掘り耕しておいてこそ、春から伸びる根が活躍できて地上部を育ててくれるのです。耕す作業は片手間ではできず、結構な重労働です。しかし、これをするとしないとでは、明らかに枝の伸びが違います。根が広がれば、枝も広がると考えていいでしょう。鉢植えなら土替えをして、また一年間根が伸びていくスペースを確保してあげましょう。すべての成果は翌春から秋に実ります。

春をイメージして、休眠期の作業に取り組みましょう

地域による違い

　日本は南北に長い島国で、その地形は複雑なうえ、気候は一律ではありません。栽培書を執筆している時、関東標準の気候に沿って書いているとつじつまが合わないことが多いのも確かです。同じ県内であっても20km離れると風の吹き方から土の凍り方までさまざまな違いが見られます。季節ごとの栽培方法は、実際にその地に暮らしている方が一番よくわかっていると思います。ここでは、私の知る限りのバラ栽培の地域による違いを紹介します。

■　寒地　　平均気温　9℃未満 の地域
■　寒冷地　平均気温　9～12℃の地域
■　温暖地　平均気温12～15℃の地域
■　暖地　　平均気温15～18℃の地域
■　亜熱帯　平均気温18℃以上の地域

■ 暖地

年々温暖化が進み、バラの休眠期が短くなっています。1月に入っても葉が落ちない場合は、強制的に葉を取って休ませます。剪定をする時は、1～2節、芽を多めに残し本格的に寒くなるまで本剪定を遅らせます。夏の暑さ対策は6月中に済ませておくことをおすすめします。

■ 亜熱帯

バラは、冬季の休眠がないと花つきがにぶることも多いです。特に一季咲きのつるバラは冬が暖かいと花芽の生育が悪くなり、咲かないこともあります。そのため冬季は乾燥させて乾燥休眠という方法をとることもあります。水を与えず、葉が黄変するまで待ってから葉を落とし休ませて、その後一気に水を与えると、常に水を与えていた時よりも多くの花が咲きます。高温多湿になる夏場は、バラの根にとって辛い時期です。暖地と同じく、早めに涼をとれるよう作業しましょう。

■ 寒地

冬季に、1m以上雪に覆われるところ、凍結する地域が多いので、雪害や寒風には十分注意が必要です。その年々の積雪量により、バラの育成も左右されがち。せっかく伸びたつるバラも数年で冬枯れすることもあります。毎年慎重な冬越し対策をしましょう。夏から短い生長期には、地温を上げてできるだけ太くする工夫が大切です。

■ 温暖地

バラにとってはすごしやすい気候といえますが、日照時間が短い地域は寒冷地と同じく生長期間が短いです。早く生長させるためにはマルチング等で地温を高め、早期に強いダメージを受けないように予防消毒等を行ってください。

■ 寒冷地

寒地よりも凍るところが多いので、冷風と土が凍ることによる乾燥でダメージを受けやすい地域です。凍る前にマルチングや風よけをして、冬場をしのぎましょう。寒地と同じく、生長期が短いことを考慮して、早めに活力剤等で根の動きを活性化させてシュートをつくりましょう。

Column 1

香りのシャワー

　森林浴という言葉があるように「バラに包まれバラの香りを浴びる」、そんなシーンを言葉で例えるなら、どんな表現になるのでしょうか。

　人の脳には、香りを深く刻む機能があり記憶と結びついています。何年も前に嗅いだ香りでも、その香りを再び嗅ぐと当時の風景や思い出がよみがえり強く呼び戻されるのです。

　バラを選ぶ時、必ずしも香りが決め手になるとは限りませんが、花色や花型、樹形、耐病性の次には、香りの評価で選ばれています。香りがあることが、バラの美しさの重要な要素になっているのです。

　バラは何年も生き続ける花木。記憶の中にあるバラの香りを忘れられず、同じものを探しているという人が多いというのもうなずけます。

　特につるバラは多花性で、一度に何百もの花を咲かせるので、まさに香りのシャワーを浴びるようです。この香りが人の脳や心理に優れた影響を与えることがわかってきました。

　バラには500以上の香り成分が含まれていて、その半分は解明されてきましたがまだわからないことばかりです。解明された成分のひとつ、ティーローズ・エレメントは、ストレスの軽減や免疫力の上昇、皮膚バリア機能の回復など、私たちの治癒力をパワーアップさせるそう。確かにバラを愛するロザリアンは、長寿の方が多いように思えます。

　バラが人を助け、人がバラを助ける。お互いがよいパートナーとしてつながっていることは確かなようです。

時を越えて人々を魅了するバラの香り

Chapter 2

立体的な庭づくり

立体的な庭とは？

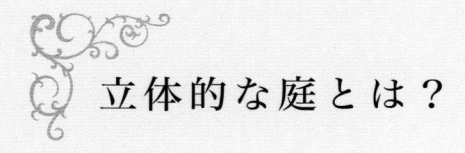

バラをシンボルツリーに

　つるバラの魅力は、高さを出して見せ場をつくれることです。広い敷地を見事な花で埋め尽くすことができるのはつるバラならでは。狭い庭であっても、オベリスクやトレリスをうまく取り入れれば、2mくらいの高さのある風景ができるのです。そのバラを中心にすえて、周囲の植物の高さやボリューム感などを意識すれば、奥行きのあるローズガーデンも夢ではありません。

　面をつくる、人を囲む、建物を飾る、樹木に絡める……。そんなわくわくするような仕立てを一つひとつつくっていくことで、立体的でドラマチックな庭が実現します。年数がかかったとしても、立体的な庭づくりを意識したつるバラは、シンボルツリーとしての役割を担うほど美しく生長することでしょう。

　注意しなければいけないのは、日光の向きです。バラはどうしても日の当たるほうへ枝を伸ばし花を咲かせます。植える場所を間違えただけで、鑑賞したい方向に花がほとんど見られないということもあります。

　高さ、幅、奥行きとともに、日照の具合をチェックして植える場所を決めましょう。メインツリーにする時は、後々のことを考慮してアーチやフェンスなどの構造物を同時に立てます。

充分なプランニングを

　ここで忘れてはいけないことは、冬の景色です。庭は緑で覆われているとイメージしがちですが、冬の庭はつるバラも葉を落とし、枝のみとなります。そこでアイアンのアーチやアクセサリーのついたオベリスクにつるバラを誘引しておくと、その剪定された姿も美しく見えます。

　冬のボリュームから3倍以上、葉が茂って立派に見える春はもちろん、すばらしい景色を見せてくれますが、すっきりとした枝姿も冬景色の美しさのひとつでしょう。

　枝を伸ばしたり広げたりする作業が年々増えてくると、庭全体をバラが覆い別世界が生まれます。時間をかけてその生長を楽しみながら育てていくつるバラの庭は、園芸好きにはたまらないよろこびがあることでしょう。そんなよろこびを味わうためには、はじめの計画が大切です。イメージする庭に対して、育てる環境は整っているか、どんな品種が向いているのかなど、行き当たりばったりではなくじっくりプランを練りましょう。

　庭のレイアウトは変更可能ですが、おおまかな計画があったほうが理想に近づきやすいです。バラは意外と生長の早い植物なので、そのことを理解して植える場所を決めましょう。つるバラを植える時、もしくは1年後に支柱となる構造物を設置することをおすすめします。

構造物をうまく取り入れて、バラの美しい表情を引き出す

誘引をした美しい冬の枝の姿もつるバラの魅力

ローズガーデンが立体的に見えるには理由がある

じっくりプランを練ってイメージする庭に近づける

用途別の庭づくり

アーチ

「くぐれる」ことが魅力のほか、さまざまな楽しみ方があります。
・ガーデンにゲートや玄関前に
・通路の途中に連続したアーチを建てる
・壁にぴったりつけて壁面に立体空間をつくる
・窓や戸を囲んで軒をつくる
・サイズの異なるアーチを設置して奥行きを演出

フェンス

敷地の周りを囲んでいる状態のフェンスだけでなく、庭の間仕切りとしても活躍します。人が通る通路側は、あまり枝が暴れない品種を選ぶようにするのがポイントです。
・種類が豊富でデザイン性の高いものからシンプルなものまである
・徐々に伸びるつるの生長に合わせて、高く大きくすることも可能
・地面から30cmは空けたほうが風通しがよくなる
・目の細かいメッシュは避けて、間隔の開いたデザインの横板が誘引しやすい

オベリスク

　円柱や四角錐、円錐などさまざまな形があります。つるバラの誘引には直径30cm以上のものが作業しやすくおすすめです。
・大中小とサイズ違いで組み合わせる
・リズムよく通路に沿って設置する
・花壇のシンボル的扱いに
・鉢植えでも使用可能

パーゴラ

　庭に置かれたバラの家のように楽しめる、シンボリックな大きな構造物です。パーゴラの下でお茶を飲んだり、読書をしたり。花の咲く時期にはうっとりするような香りに包まれながら、散っていく花びらを間近で楽しむこともできます。四角いものや丸いもの、五角形など、庭の広さや雰囲気に合わせて、つくることができるのも魅力です。
・種類が豊富でデザイン性の高いものからシンプルなものまである
・建物の壁と一体化することも可能
・雪害を考慮し、しっかりした構造のものを選ぶ
・柱と屋根を異なる品種にしてもおもしろい

Type 1 個人邸

　　バラが大変お好きなお客さまで、いすやテーブルを置いてお茶を飲める庭にしたいなど、やりたいことが明確でした。そのご希望を叶えることと、さらにプラスのご提案をしました。

バラがベンチを包みこむポーチ

壁面は茶色に赤が入ったレンガだったので、白とオレンジの明るい花色を選びました。ポーチの柱に絡むつるバラも印象的。中央に置いたベンチの足元には、バラに合うシルバーやライトグリーンの葉もので固めています。葉ものはタイムなどのハーブ類や多肉植物にすることで、芝生よりも手入れの手間がかかりません。
（壁面：フェリシィテ・エ・ペルペチュ、柱：つるミミ・エデン）

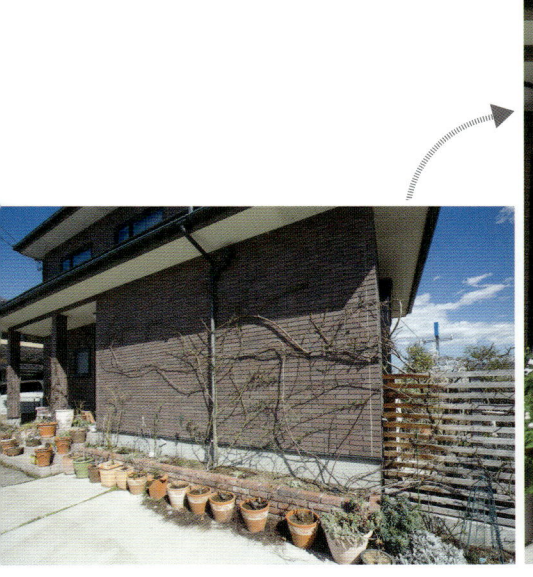

ピンク＆アプリコットのフロントガーデン

花壇部分の幅は30cmくらいと狭めで数品種植えています。下からきれいに横に這わせようとせずに、とにかく上まで枝を伸ばすことを優先させます。誘引のためにレンガの目地にドリルで穴を開けて抜けにくいビスをつけました。雨どいからチェーンを垂らして、ブロックで固定するという方法もあります。（壁面左から：オーギュスト・ジュルベ、ムンステッド・ウッド、メイ・クイーン）

Type 1 個人邸

ガーデンへと誘うシンデレラのアーチ

ナチュラルな庭をご希望されていたので、メインガーデンへの入り口にはやわらかいトーンのシンデレラをおすすめしました。花色はかわいらしいですが、四季咲きで丈夫なのがこのバラの魅力。アーチの左右を同じ品種にしたのはまとまり感を出したかったからです。日の当たり方によってボリューム感に違いが出ます。

ガーデンのそこかしこにお客さまのバラ好き、植物好きが表現されています。バラだけでなく、タイルにローズモチーフをあしらったり、ランタンをしつらえてガーデンライフをエンジョイされています。(フェンス：芽衣)

風通しのいいトレリスで庭を育む

薄いものから濃いものまで、ピンク色がメインになっている庭なので、淡いイエローのバラをアクセントとして植えました。約160cmのトレリスは、板の間が空いていることによって、風通しがよく光も差し込むので植物にとってよい環境になりました。足元には白を中心としたさまざまな草花がたくさん植えられています。（トレリス左から：アンジェラ、クレパスキュール、芽衣）

庭の中央にあるガゼボに続くアプローチは心踊る小径。アクセントとなる小物を置くことで、メリハリが出て立体的な庭になります。水瓶に満開のバラの花を浮かべれば、目にも涼やかなウォータープランターに。

Type 1 個人邸

ガゼボでくつろぎのティータイム

花びらが多くたっぷりと咲く気品を感じるピエール・ドゥ・ロンサールは、その存在感やゴージャスさだけでなく、病気に強く開花しやすいことからとても人気の高いつるバラ。内側から見上げると、屋根がグリーンで埋め尽くされ差し込む光も心地よいです。
（ガゼボ：ピエール・ドゥ・ロンサール、スパニッシュ・ビューティ）

しっかりと剪定した冬のガゼボ。テーブル＆チェアと白で統一されているので、葉を落として枝だけになる冬季も姿かたちが美しく見えます。枝の様子をきちんとチェックするにはとてもいい時期です。

ガゼボの足元には、木立ち〜半つるのバラを植えています。植物でいっぱいにしがちですが、庭は動線の確保が大切。入り口付近は誘引せず余白をとっています。

ガゼボにはピエール・ドゥ・ロンサールと早咲きスパニッシュ・ビューティを2本ずつ植えています。開花時期がずれることで、より長く花を楽しむことができます。

Type 1 個人邸

フランソワ・ジュランヴィルの小窓

建物の裏手の庭にはトレリスにフランソワ・ジュランヴィルを。とげが少なく通路向きで、細かい葉の陰影もきれいです。50cm角くらいの隙間があり密に留めていないので、圧迫感のない仕上がりになりました。自由度の高いデザインを楽しめるコーナーです。例えば、ひとつの角をすっきりと空けて小窓のようにするのもおすすめ。（トレリス：フランソワ・ジュランヴィル）

フランソワ・ジュランヴィルは枝が出やすく伸長力が強いので、広い場所に植栽することでその特長をよくいかすことができます。反対に、狭小なスペースで高さが確保できないところには不向きの品種です。

ブルーに映えるクリムゾンレッド

アーチの前は下水の槽になっていてその上をデッキに。そのため土の範囲が狭く生長に影響するので、植栽の前に土壌改良をしっかり行いました。小屋のブルーに映えるクリムゾンレッドのバロン・ジロー・ドゥ・ランは、やせた土地でも育ちやすく香りも魅力的。奥へピンクのバラを植えることでさらに立体感を演出しています。（アーチ：バロン・ジロー・ドゥ・ラン、パレード）

庭の奥に設置したレリーフは、視線を誘導する効果があります。フェンスは外側に枝を這わせることでボリューミーな枝ぶりに。開花時期が五月雨になる品種を選ぶことで、花が次々と咲き、長くバラを楽しむことができます。

Type 2 商業施設

　巨大なアーチや芝の庭の植栽、建物を覆うバラなど見どころがたくさんあり、企業のガーデンなのでなるべく手のかからない品種を選びました。広いスペースにいきいきとした表情で咲き誇るバラを楽しめます。

入り口へつながるビッグアーチ

どちら側からも美しく見えるようにした4m級のオリジナルデザインのアーチ。早い段階で生長する品種として右側の柱にアルベリック・バルビエを植え、これだけだとさみしいので四季咲きの白バラ、左側の柱には落ち着いたピンクの品種を選びました。木立ち性のバラなどをグルーピングで植えてメリハリを持たせています。（アーチ右：アルベリック・バルビエ、左：サー・ポール・スミス）

見る方向によって広がる楽しさ

アーチの裏側は、伸長力がありパープル系のつるバラの中でも特に人気の高いファイルフェンブラウをメインにすえました。大きな構造物でも、風にそよぐようなバラを這わせることで圧迫感がなくなり、空間に自然に溶け込みました。石（ローズクォーツ）のオブジェがガーデンのポイントになっています。

敷地全体の入り口は背の低く、多花性で花持ちのよいバラを選びました。スタンダード仕立てと組み合わせて、建物と周囲の美しい山々を借景としています。

Type 2
商業施設

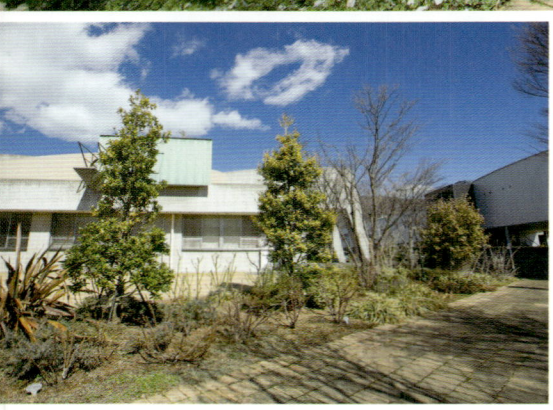

半つるバラのボーダーガーデン

背の高い樹木の手前に半つるバラや木立ちのバラを連続させて帯状に植栽することで奥行きが生まれ、立体的な庭にすることができます。アプリコット色のイングリッシュローズ、ポート・サンライトは、このように自然な樹形をいかすのにも向いています。（手前：ポート・サンライト）

大きな木の下は光が届かないので、ペネロペのような半日陰でも育ちやすい品種を選ぶようにします。

裏側にまわると、表とはまた違った景色が広がっています。印象的な黄色い葉の木に対して、表の庭は同系色でまとめてハーモニーを、裏の庭はパープルを添えてコントラストを生み出しています。

フェンスからはじまったバラの庭

「事務所に西日が当たるのをどうにかしたい」というご相談からスタートしたバラの植栽。建物に合わせてメッシュフェンスをつくり、さまざまなバラを壁面に植えたのですが、それがご好評いただき、今では敷地内のほかのスペースにまでローズガーデンが広がりました。

Type 3 オープンガーデン

オールドローズとイングリッシュローズに特化して自社生産し販売していたコマツガーデンの旧店舗。アーチや建物風ガゼボ、大木に絡ませたバラなど、長きに渡り手をかけてきた庭を紹介します。

アイキャッチのあるゲート

2005～2006年にかけて建てた門前のアーチは、柱は石で、Komatsu Gardenというサインを記した屋根部分は木製です。来店したお客さまが必ず目にするところなので、早くから遅くまで花を咲かせる品種を何本か植え、近年は下に垂れるようなデザインにしています。左の柱から伸びているアイビーは、自然に這ってきたものです。（アーチ：フランソワ・ジュランヴィル）

バラに包み込まれる東屋的空間

三角屋根は、あえて屋根でふさいでしまわずにアイアンの骨組みにしました。雨が降ればガゼボの中に雫が吹き込みますし、雪も積もります。そんな自然環境をあえてそのまま受け入れることで、景色の中に建物が溶け込むようです。ゆったりとした誘引にしています。（ガゼボ：フランソワ・ジュランヴィル）

Type 3 オープンガーデン

鉢仕立てアーチの魅力

道具や資材などを置いている小屋の前のアーチは、鉢仕立てにしています。鉢仕立ては、コンクリートやアスファルトの上に設置したり、移動できるところが魅力です。小屋の高さに合わせてアーチのサイズを設定し、オレンジの同系色の品種を植えているので、建物とバラが一体化して見えます。（アーチ：バフ・ビューティ、つるミセス・サム・マグレディ）

ガラスのハウスは針金を這わせて誘引し、アーチは鉢仕立てです。手前の小さな鉢からハウス、右側の大木、左奥のガゼボとさまざまな表情のバラが立体感を演出しています。（ハウス：コーネリア、アーチ：ピエール・ドゥ・ロンサール）

ベンチ上の藤の花が終わり若葉をつける頃、バラの最盛期がやってきます。バラはエントランスまでと範囲を決めて誘引するので、藤と侵食し合わず、どちらも美しい姿を見ることができます。（エントランス：オーギュスト・ジュルベ）

屋根には、へりに沿ってカップ咲きで濃いピンクのアンジェラを、足元には花芯がほんのりピンクに色づくザ・ジェネラス・ガーデナーの鉢仕立てを置いています。冬は、春にどのような花を咲かせたいかイメージして剪定しましょう。

Type 3 オープンガーデン

高低のある植栽で立体感を演出

奥に進むにしたがって、下草、30〜40cmくらいの立ち上がった木、バラ、高さのある庭木というように、植栽の高低を意識した庭づくりをしています。四季を通して、いつもなにかしらの花が咲いているガーデンです。（左前：ジュード・ジ・オブスキュア）

ワクワクできる庭づくりを

アーチに向かって歩いていると、その奥はどうなっているのだろうというワクワク感があります。ある程度広さのあるガーデンなら、複数のアーチを立ててコーナーごとに見どころをつくるのもいいでしょう。（アーチ：コンスタンス・スプライ）

シンボルツリーに咲くランブラー

シイの木にトレジャー・トローヴを誘引したのは約15年前。とても伸長力が強く、大きいもので10mにもなるので家庭のガーデンには不向きの品種ですが、大木にも引けをとらないバラです。木の外へ枝を出して下に下がるように点々と留めています。

Type 4 ショップ

2014年12月にオープンしたショップ ROSA VERTE（ロザ ヴェール）。サンプルとして見ていただくために、建物の壁を木、しっくい、屋根材、ガラスにして、バラとグリーンのある暮らしを提案しています。

メリハリを出す決め手は背丈

庭づくりでは常に植物の背丈をコントロールすることを意識しています。壁面は小輪のバラを這わせ、中段は大輪の木立ちバラ、足元は小花とグリーンを植えたホワイト＆ブルーのガーデンです。（壁面：ボビー・ジェイムス、スイート・セレナード）

ピンクと紫のグラデーションが楽しめるコーナー。黄色い草花がアクセントとなりさらに明るいトーンの庭にしています。（壁面：ブラン・ピエール・ドゥ・ロンサール、ザ・ジェネラス・ガーデナー、レイニー・ブルー、ブノワ・マジメル）

オリーブやギー・サヴォアなどの赤いバラを、補色の緑の壁面に誘引し、花色の違いを比較できるコーナーをつくりました。

大きな窓と同じくらいの高さになるようにトレリスを立てかけ、こげ茶の壁面に合う、深いローズカラーのアンダー・ザ・ローズを選びました。隣りに明るい葉色の木を植えると、バラの花がない季節でもさみしく見えません。

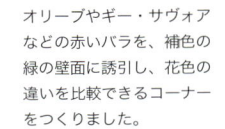

鉢植え

単体で楽しむことも、庭に立体感を出すこともできるため重宝する鉢仕立て。手軽にガーデンのレイアウトを変えることができるのも鉢植えの魅力です。週一回程度で鉢を回して、まんべんなく光を当てましょう。

下にも花を咲かせるハート型

枝の立ち上がりの部分をくっきり2等分にならないように短い枝をクロスさせて、下のほうにもつぼみがつくようにします。ハートの支柱に4〜5本の枝をらせん状に絡めます。（高さ60cm、雪あかり）

Before

After

しなやかな枝でつくるドーム型

リング型のアイアンを3つ組み合わせてドーム型の骨組みに。曲げやすいしなやかな枝で、花が間延びしないよう花首が短い品種が向くので、おのずと小輪系になります。（高さ80cm、夢乙女）

Before

After

下にボリュームを持たせるコーン型

太くて短い枝を下へ持っていきボリュームを出します。地植えでオベリスクを使う場合は、支柱にしたり、植えるところをずらすこともできます。（高さ120cm、ローゼンドルフ・シュパリースホープ）

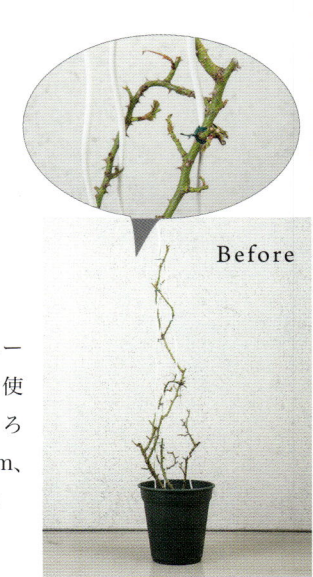

装飾をいかしたトレリス仕立て

トレリス上部の装飾を見せたいので20cmくらい低めに誘引します。トレリスからはみ出ないように、枝は内側で留めましょう。（高さ120cm、奥：ブラッシュ・ランブラー、前：ローゼンドルフ・シュパリースホープ）

下に向かって枝をつくるハンギング仕立て

下に垂れ下がるようにしたいので、極端な立ち上がりはつくらずに直立にならない品種を選びましょう。ハンギングは土が乾きやすいので、水切れしないよう要注意。（高さ50cm、芽衣）

花色の組み合わせ

つる性か半つる性か、伸長力はどれくらいか、花の色は、といったことがローズガーデンの印象を決めるとても大切な要素です。そしてその組み合わせは無限にあります。まずは好きなバラをメインにして、オリジナルの組み合わせを見つけてみてください。

房咲きの白とピンクのバラに、大輪の濃いピンクの人気の高い組み合わせ。かわいらしい雰囲気になるの3色グラデーションです。

個性の異なる品種やコントラストの強い組み合わせは、花が咲く範囲を分けることで、それぞれがぶつからずに楽しむこともできます。

ほどよいコントラストのあるバランスのいい配色。イエロー＆ピンクで、インパクトはありつつも甘くなりすぎない組み合わせです。

同系色の2カラーを組み合わせるなら、淡い色ほど大輪でボリュームがあり、濃い色ほど小輪でボリュームを抑えると統一感が出ます。

ブラッシュ・ノワゼット、セシル・ブリュネ、フランソワ・ジュランヴィル

ローゼンドルフ・シュパリースホープ、夢乙女、つる聖火

アンジェラ、バレリーナ

羽衣、安曇野、ニュー・ドーン

ポールズ・ヒマラヤン・ムスク・ランブラー、ラプソディー・イン・ブルー

つるブルー・ムーン、新雪

ロココ、バタースコッチ

ウェスターランド、つるゴールド・バニー

つるサラバンドゥ、ゴールデン・リバー

フランシス・E・レスター、つるミニュエット

つるプリンセス・ミチコ、ランブリング・レクター

ダイナマイト、ザッツ・ジャズ、つるアイスバーグ

57

花や草木との組み合わせ

美しいと感じるローズガーデンは、バラだけでなくほかの花や草木、借景と調和することで生まれます。まずは庭づくりの基礎となる4つのポイントを押さえましょう。

Point 1　植物を植えるスペースの確保

　バラが成木になって株元の枝が太い幹になるまでは、バラの育成を優先させます。新苗や大苗で2年、鉢苗でも1年はかかるので、それまで草花を植えるのを待つようにしましょう。樹形がしっかりしてくる頃には、丈夫で病気にも強いバラにパワーアップしています。そうなれば、ほかの植物を植えることもできるようになります。

　ほかの植物は植える時期がずれるので、バラの育成期に庭をバラで埋め尽くさずに、後々ほかの植物も仲間入りできるようにあらかじめスペースを確保しておくようにしましょう。

Point 2　環境にマッチする植物を選ぶ

　バラの近くに植える植物は、そのバラと同じ環境の中で育てるのに適しているものを選ぶようにしましょう。基本的にバラは日光と水が大好きなので、日陰や半日陰で育つ植物との組み合わせは向きません。ただしつるバラにも日陰に強い品種もあります。例えば大きな木の下は、光が届かず日陰になります。そのような場合には草花も日陰を好むものを植栽するようにしましょう。

　環境に順応しやすい草花は育てる手間は少ないですが、繁茂するスピードが速いので、まめに間引くなどの作業が必要です。

Point 3　色やボリューム感をコントロール

　同系色も反対色もそれぞれによい点と注意点があります。同系色を組み合わせると、まとまりはでますが風景の中でぼやけてしまうこともあります。反対色はメリハリがつきますが、景色に溶け込まず浮いてしまうかもしれません。色の濃淡をつけたり、差し色にしたりすることで立体的になります。様子を見ながら、ほどよいバランスを探りましょう。

　同じ色であってもバラと草花では質感やかたちが異なるので、意外とマッチすることもあります。さまざまな組み合わせにチャレンジしてみましょう。

Point 4　バラの株元は風通しよく

　バラを植える時には土壌改良を行い、肥料を施すことが基本です。このような状態でバラの株元に草花を植えると栄養が多すぎて早く育ってしまい、場合によってはバラよりも草丈が高くなってしまうこともあります。離して植えたとしても、草花は茂っていずれバラに近づいてきます。株元はいつもすっきりさせておきましょう。

　もしバラのほうに草花が侵入してきたら、抜き取るか、こまめに短く刈り込むようにします。手間はかかりますが、この作業を行うことがバラにとっても草花にとっても大切です。

木立ち性のバラを合わせる

　例えば庭を、奥、中段、手前というように3パートに分けて、奥の壁面にはつるバラを這わせ、中段は木立ち性のバラ、手前は草花というようにタイプの違う植物を植えると奥行きのある景色になります。

　つるバラは3〜4年経つと、株元のシュートの出が悪くなってくる品種があります。ある程度つるバラが育ってきたら、四季咲きの木立ち性バラを植えることをおすすめします。つるバラを植えるさいに、木立ち性のバラを植える計画があるなら、広めにスペースを残しておきましょう。

　アーチやパーゴラなどの構造物に仕立てているつるバラは、かならず脚立を使った作業をすることになります。忘れずに、脚立の入るスペースを確保して、バラやほかの植物を植えるようにしてください。

ひときわ目をひく木立ち性の白バラ、エレーヌ・ジュグラリスは、15cmの巨大輪になることもあります。

1品種を3〜5本まとめて植えてグルーピングをすることで、ボリューム感のある色のかたまりをつくっています。

大きな木の下につるバラ、木立ちバラ、下草を植えています。庭のアイキャッチにスタンダード仕立てもおすすめ。

同系色でまとめる

　もっともポピュラーで失敗しにくいのは、同じ色、同じトーンのバラや植物を合わせる方法です。落ち着いた雰囲気のガーデンを目指すなら、あまりたくさんの色を使わないのが成功するコツのひとつ。メインカラーを決めたら、カラーパレットを徐々に広げていきましょう。

ホワイトガーデンに憧れるという人も多いはず。差し色にはさわやかなブルーやイエローがベストマッチです。

壁面とその奥にあるアーチのバラは、同系色にすることで、空間が途切れずに続いているように見えます。

存在感のある赤いバラは、ライトグリーンの下草があることによってさらにゴージャズなイメージが際立ちます。

メリハリのある色合わせ

　ダークカラーとライトカラーの組み合わせは、メリハリやインパクトのあるガーデンをつくりたい人にぴったりです。バラの葉は深い緑色のものが多いので、ほかの植物は明るい色のグリーンを選んでポイントに植えたり、下草として取り入れるのもいいでしょう。

パープルのバラを引き立ているヒューケラは、ユニークな葉形でカラーバリエーションも豊富です。

ふんわりと広がるアスペルラをグランドカバーのようにあしらうとアクセントにもなっておすすめです。

自然樹形を生かしたバラの足元のグランドカバーは、グレコマのようにナチュラルに見えるものを選ぶようにしましょう。

足元を覆う草花

　つるバラも木立ちバラも、植栽するさいにはよく土壌改良をすることが基本ですが、下草を植える部分も同じくらいきちんと土づくりをすれば、植える苗の数は少なくてもよく育ちます。あくまでもバラの株元はすっきり空けておきましょう。バラを侵食する草花の手入れをしきれない場合には、根の侵入をブロックするプラスチック製の板を活用するのもひとつの方法です。

　地面を這うように広がるグランドカバーは、小径沿いや大きな花壇の縁どりにはみ出すように植えるとナチュラルな雰囲気に仕上がります。グランドカバーは、バラとの相性がいいだけでなく、土の乾燥や地温の上昇を防ぐ役割にもなってくれる優れものです。ハーブ系や多肉植物、宿根草などからぴったりのものを見つけましょう。

グリーンが足元を程よく覆うことで、バラとほかの植物を自然とつなげる仲介役にもなっています。

下から枝のでない木に、適度な空間をとってバラを植えることで、木とバラが仲よく共存してくれます。

大きな木にからませる

　木よりもバラが勝ってしまうと、木にとってはよくないことなので、木：バラ＝8：2くらいの割合に留めるようにしましょう。バラを絡ませるのに向いている木は、下のほうに枝の出ないタイプのもの。バラはノイバラやニュー・ドーン、フランソワ・ジュランヴィル、ポールズ・ヒマラヤン・ムスクなどのように、垂れ下がって咲いたり、見上げて美しい品種がおすすめ。

　木の真下の土は硬いので、2ｍくらい離れたところにバラを植えて、そこから枝を木に誘引するのが理想的です。そうすることで、木の下でも日光が当たりやすくなり、早く枝を伸ばしたいバラの生長を助けます。

木に絡めることで、つるバラの持っているおおらかで表情豊かに咲き誇るところを見ることができます。

向こう側にどんな景色が広がっているかによって、バラの見え方も変わってきます。

庭の向こうにある借景

　バラが草花や木などほかの植物と調和することで美しいガーデンになるのと同じく、バラが背景を取り込んで景観を形成することで、さらに深みのある庭になります。

　目線を上げて、庭の中だけでなくもっと広く周りの景色を眺めてみましょう。カメラのレンズを通して眺めてみると、とてもよくわかります。借景によって庭の見え方が変わります。もしかしたら、これまでに気づかなかったすばらしい借景を発見できるかもしれません。

背の高いバラのフロント

　壁面や大きな仕立てのバラの場合、その足元もつるバラのボリューム感に合った植栽が必要です。フロントに植栽のスペースを広くとって厚みを出します。

　地面に広がるグランドカバーというよりも、こんもりと茂って草丈が出るものや、花首がすっと伸びて直線的なラインを描くようなタイプの植物がいいでしょう。初夏はギボウシなどの大きなリーフも、それだけでガーデンのアクセントになるので欠かせません。バラは冬なると葉を落として枝の線だけになるので、近くに常緑低木を植えておくのもおすすめです。

大きなアスチルベが印象的なつるバラの足元の植栽。ベンチの色ともマッチしているガーデンです。

花自体は小さくても、立ち上がって群生すると大きなつるバラの下草にもふさわしい存在感を発揮します。

高冷地なら、ギボウシなどのグリーンだけで足元をまとめると、つるバラをぐっと引き立てます。

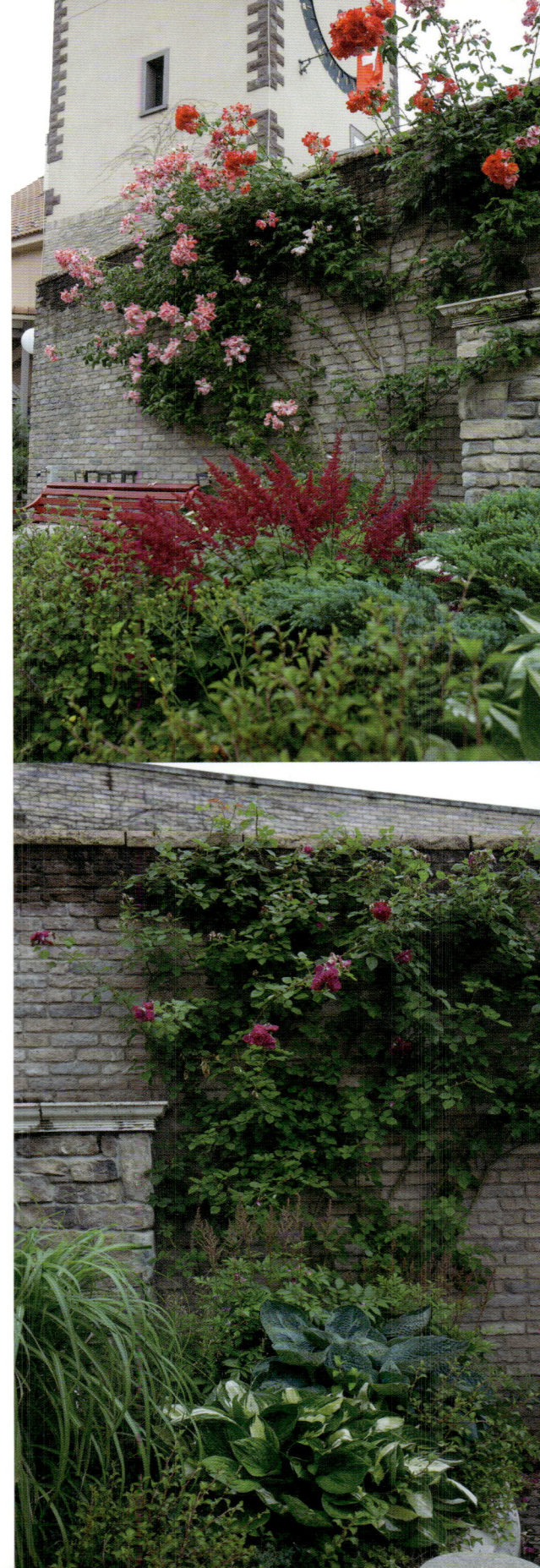

1品種をこんもりと見せる

　樹勢が強いランブラーローズは、横へ横へと這わせると春先からシュートが出てくるので、伸びてきたシュートは、一番花が咲く前に切っておきましょう。

　広い敷地がないと、1種類をたくさんの本数植えるというのは、なかなか難しいと思いますが、実際に見てみるととても迫力があります。

　ここまで大きなものはつくれなくても、気に入った1種のバラを自由な発想でぜひ仕立ててみてください。ひとつの品種を深く知るところから、ほかのバラへの興味も増していくと思います。

ぐんぐんと旺盛に枝を伸ばすランブラーローズは、花つきのいい系統でガーデンを明るく彩ります。

クレマチスの咲く庭

バラと組み合わせる花として人気のあるクレマチスは、バラにはあまりないブルー系やパープル系の花色のものが豊富です。バラに向いているタイプのクレマチスを選ぶところからはじめましょう。

おすすめはリレー形式

クレマチスは多品種で、系統やタイプによって咲く時期や咲き方に違いがあります。合わせやすいのは強い剪定ができる新枝咲きと新旧両枝咲きのタイプです。

つる性で旺盛なクレマチスは、バラを覆い尽くすこともあります。そうなると風通しが悪くなったり、日が当たらなくなるので注意しましょう。バラははじめから病気に強いものを選んでおくのもポイントです。

バラとクレマチスを一緒に楽しみたい場合は、高いところにクレマチス、低いところにバラというように住み分けるように誘引するといいでしょう。一番のおすすめは、春に咲くバラと秋に咲くバラの間に花を咲かせるタイプのクレマチスを選んで、リレー形式で開花する両者を楽しむ方法です。

[バラに合うクレマチスのタイプ]

●新枝咲き
地際から新しいつるを伸ばすタイプ。強い剪定が可能なのでバラに負担がかからず、冬は地上のつるが枯れるので、バラの剪定がしやすいというメリットがあります。

●新旧両枝咲き
前年に伸びたつるにも、地際から伸びたつるにも花を咲かせるタイプ。広い面性をカバーするのに向いています。強めに剪定ができるのでバラにも負担がかかりません。

白やピンクの花色が多いローズガーデンでは、特にアクセントカラーとしてクレマチスが活躍してくれます。

クレマチスとバラをセパレートにして住み分けることで、両方の花が引き立て合っているようです。

和の庭にもマッチするようなシックな花色と咲き姿の品種があることもクレマチスの魅力のひとつ。

イギリスではバラは花の王、クレマチスは女王と称されます。両者が寄り添うように咲く姿は美しい。

Column 2

バラを通した園芸療法

　長くバラに関わり、販売しているといろいろな人に出会います。身体の一部にしこりができたけれど、バラを育てはじめたらいつの間にか消えていたという方や、重篤な病気と診断されたけれど、バラとともに過ごしていたらいつの間にか回復していたという方などさまざまなバラにまつわるお話を耳にします。

　私自身も、身体的、精神的にまいってしまう時、バラの香りとその美しい姿に癒されます。バラが人に及ぼすよい影響が確かにあることを実感するのです。

　植物を見て触れて、その植物が生きてゆくための手助けをすることで、よろこびとやりがいが生まれ、達成感を覚えて、身体が活性化するのではないでしょうか。バラのお世話をしたり、花を愛でるだけでなにか不思議な力が私たち人間に与えられているようです。

　私は、人と植物を近づけ、互いにとってよい関係を築くためのお手伝いをしています。今は販売というやり方で取り組んでいますが、もう少し掘り下げて、福祉や教育の中でその活動ができたらと願っています。

　地域でのバラ管理のボランティアを長く続けてきた中で、信頼と結束が生じて「バラを楽しむ」という共通の目的が、日々の活力を生み出しているようです。

　園芸療法という専門的な分野にたどり着くまでの入り口を、今までの経験と知識を応用して多くの方々に知っていただけるような啓蒙活動をしていきたいです。そのために、新しく展開しているバラとグリーンのライフスタイルショップ「ROSA VERTE（ロザ ヴェール）」を表現の場として活用しながら、実体験をしていただくための取り組みを行っています。

バラのある風景の提案型ショップ「ロザ・ヴェール」

Chapter 3

つるバラ、半つるバラ図鑑

仕立て別おすすめ品種

アーチ編

つるバラを購入する時は、花首を確認することが大切。アーチに仕立てるには花首の短いタイプが美しい姿をして咲いてくれます。あまり太く長く伸びるタイプよりも、少々短くてもしなやかに広がるタイプの枝のほうが扱いやすいでしょう。また、花首がうつむき加減に咲く品種が向いています。とげの多い品種では人やものに引っかかってしまう可能性があるのでなるべく避けるようにしましょう。

つるアイスバーグ

白い花色ですが、1枝に3～4個の花が咲くので華やかさがあります。ダークグリーンの葉は、白い花をより明るく映し出してくれる効果もあり全体にさわやかな印象なのも魅力。とげがすくないので、誘引作業などでも扱いやすくアーチにぴったりです。白い植物でまとめたホワイトガーデンの主役に据えてもいいですし、ほかの花色とも合わせやすいので、使い勝手のいい品種といえます。

つるうらら

ピンク系の花が多い花壇なら、エントランスのアーチには、印象深いローズピンクが目を引くつるうららがおすすめです。

つるゴールド・バニー

まばゆいほどの発色で、退色しても美しい黄色を保ちます。健康的でつややかな葉に映える表情が魅力的で、人気のある品種です。

ダブリン・ベイ

花は退色しにくい赤で、大輪すぎないサイズ感もよく、程よく散らばって咲きます。四季咲き性があり、アーチにするととてもきれいです。

パレード

華やかなローズピンクで、ほのかなティー系の香り。とても健康的で勢いよく伸びていきます。2m以上の大型アーチ向きです。

フェンス編

フェンスは平面的ですが、選ぶ品種によってふくらみの出るボリュームが異なるので変化をつけられます。あまりはっきり色の区切りをつけるよりも、グラデーションを意識して仕立てたほうが、飽きもこず落ち着いた景観をつくることができます。両面に咲かせる場合も、1種にするのか複数種にするのか、さまざまな楽しみ方があります。90cm以下の低めのものから2mくらいまでの高さを美しく彩ってくれる品種を紹介します。

カクテル
一輪でも愛らしく、まとまって咲くと見事な姿になります。常に細枝に花が咲き、春から秋までの長い間楽しむことができます。

ジャクリーヌ・デュ・プレ
白い花弁と赤いしべのコントラストが美しく、フェンスに連なって咲く姿はとてもきれいです。軽く剪定すると次々に返り咲きます。

シンデレラ
1枝の先に10個以上の花が咲きます。照り葉が美しく、花つきや花持ち、耐病性に優れる品種です。枝は太くとげは多め。

バレリーナ
葉が見えないくらい花つきがよく、花房がボールのように見えます。半横張りなので、誘引しなくてもそれなりの姿になります。

プロスペリティ
とにかく健康な品種なので、多少環境が悪くても、1mくらいになったものを植えれば育ちます。香りもよく秋まで咲き続けます。

レーヌ・ヴィクトリア
枝がしなやかでとげが少ないので初心者でも扱いやすい品種。フェンス以外のほかの仕立てでも美しい姿を見せてくれます。

仕立て別おすすめ品種

オベリスク編

枝の直径が太いもののほうが巻きやすいですが、必ずしも横にらせん状に巻きつけなくても、充分な枝数があれば、下から徐々に長くしていき先端を少し寝かせれば美しく見せることができます。オベリスクはさまざまなサイズのものがあるので、地植えだけでなく、コンパクトな鉢仕立てで楽しむこともできます。花首が20cm以上長い品種は、ぴったりと見せるオベリスク仕立て向きではありません。

ガートルード・ジェキル

大きな花を咲かせ、半つる性のバラにしては伸長力があるので、比較的高さのあるオベリスクに向きます。枝が充実すると硬くなるので、早めに仕立てるようにしましょう。花色は温かみのあるマット系のピンクで、派手というよりは上品な雰囲気があります。濃厚なダマスクの香りを漂わせるイングリッシュ・ローズで、エレガントな演出をすることができる品種です。

サー・ジョン・ミルズ

ぴったりとしたオベリスクにはなりませんが、放射状に伸びるので飛び出してくる感じの花が愛らしい雰囲気をつくり出します。

シャンテ・ロゼ・ミサト

難しい剪定作業がいらず、まっすぐに枝を誘引しても、段違いにさせすれば先端にしっかり咲いてくれます。ミルラ香も魅力。

スヴニール・デュ・ドクトゥール・ジャマン

巻いた枝のすべてに花が咲くような見事さがあり、ぴったりとしたオベリスクになります。朽ちたような感じの色合いもすてきです。

玉蔓

一つひとつの花がコロンとしていてかわいらしい姿。横には巻きづらい枝も出ますが、比較的どこを切っても花が咲くタイプです。

パーゴラ編

　地面から立ち上がる柱には、それぞれ最低1本はバラを植えることをおすすめします。何種類も違う色のバラを植えると、大きいだけにイメージがうまくまとまらないことが多いので、1〜2種で全体を覆い、柱の足元にアクセントをつけましょう。パーゴラはカバーする面積が広いので、伸長力に優れた品種が向いています。小さなものから家のような大きさのものまで対応できる品種を紹介します。

フェリスィテ・エ・ペルペテュ

花つきがよく細い枝にも咲くため、下垂しても下がった枝先に花をつけます。つぼみはピンクで、開花すると白いポンポン咲きになる豊かな表情の変化も楽しむことができます。細く長く伸びていくので、早く景観をつくりたい時に特におすすめの品種です。3年目になると一気に4〜5mに伸びだすので、大型のパーゴラ向き。香りは微香ですが、耐病性があります。

フランソワ・ジュランヴィル

これほど多くの仕立てに使われているバラはないというくらいさまざまな仕立てに向いている品種。花で埋めたい場合におすすめです。

アルベリック・バルビエ

強健で、伸びはじめたら一気に大きくなっていくタイプの品種です。白のパーゴラに合わせるのにぴったりです。大型のパーゴラ向き。

ドロシー・パーキンス

ブドウの房のように花が咲きます。ふわっとした花のつき方なので、優しく心地よい雰囲気の仕立てが好みの場合にふさわしい品種。

キモッコウバラ
（ロサ・バンクシアエ'ルテア'）

4月から咲きはじめ、夏の木陰でもしっかりつくれます。とげがほとんどなく、耐病性あり。

73

図鑑の見方

● 用途

樹形や樹高、樹勢などの特性から、特に利用に適した仕立て方を紹介。

- **鉢**：鉢での栽培でまとまりよく生育する。
- **花壇**：株が自立して支柱がなくても仕立てられる。
- **フェンス 2m未満**：高さが2m未満のフェンスやトレリスに適する。
- **フェンス 2m以上**：高さが2m以上のフェンスやトレリスに適する。
- **オベリスク 小**：小型（2m未満程度）のオベリスクやポールに適する。
- **オベリスク 大**：大型（2m以上）のオベリスクやポールに適する。
- **アーチ**：建物の壁面などを覆い尽くすように生育する。
- **壁面**：アーチに向き、高さ2m程度でも適する。
- **パーゴラ**：高さ2.5m以上のパーゴラや大型の構造物の仕立てに適する。

安曇野
Azumino

多花性で花首は短く、枝の元のほうからびっしり咲く。一重咲きなので、和風の庭の低木としても利用できる。スタンダード仕立ては傘のようなかたちになる。自然樹形では少し手を加える程度で優美な姿を演出できる。

【フェンス 2m以上】【オベリスク】【壁面】

【花径】2.5cm
【香り】微香

【分類】Cl Min【開花サイクル】一季咲き【樹高・株張り】開張,1.0×1.4m【作出】小野寺透,日本,1983年【交配親】Nozomi × Nozomi【うどんこ病・黒点病】普通・強い【樹勢】強い【その他】耐寒性、耐暑性、半日陰可

● **流通名または品種名**
● **流通名または品種名の欧文表記**

● **花径**
春の一番花の大きさを基準とした、花の大きさの目安。

● **香り**
- 強香：風に乗って遠くまで漂う強い香り
- 中香：強くはないが、存在感のある香り
- 微香：花に近づいてほのかに香る香り

● 分類

バラ栽培の歴史や遺伝的特性、外見的特徴を分類した、世界で広く利用されている分類の略式記号。

■図鑑に登場する分類

[野生種]
Sp：スピーシーズ

[オールドローズ]
B、Cl B：ブルボン、クライミング・ブルボン
C：ケンティフォーリア
Ch、Cl Ch：チャイナ、クライミング・チャイナ
D：ダマスク
HBc：ハイブリッド・ブラクテアータ
HMult：ハイブリッド・ムルティフローラ
HP：ハイブリッド・パーペチュアル
HSem：ハイブリッド・センペルウィレンス
HSpn：ハイブリッド・スピノシッシマ
Misc.OGR：分類などが不明な種
M：モス
N：ノワゼット
T、Cl T：ティー、クライミング ティー

[モダンローズ]
Cl：クライミング
F、Cl F：フロリバンダ、クライミング・フロリバンダ
Hkor：ハイブリッド・コルデシー
HMsk：ハイブリッド・ムスク
HT、Cl HT：ハイブリッド ティー、クライミング・ハイブリッド・ティー

HWich：ハイブリッド・ウィクラナ
LCl：ラージ・フラワード・クライマー
Min、Cl Min：ミニ、クライミング ミニ
MinFl：ミニフローラ
Pol、Cl Pol：ポリアンサ、クライミング・ポリアンサ
S：シュラブ

■樹高・株張り
成株の地面から先端までの高さと横に広がる幅の目安。

■別名
流通名のほかに知られている名前。

■作出
作出者、作出国、作出年

■交配種
母品種×父品種

■うどんこ病・黒点病
- とても強い：薬剤散布しなくても病害が発生しにくい。
- 強い：月1回程度の薬剤散布をすれば病害はほぼ発生しない。
- 普通：定期的な薬剤散布をすれば病害はほぼ発生しない。
- 弱い：定期的な薬剤散布としていても病害が発生することがある。

■樹勢
- とても強い：生育がとても早く、樹形が大きく乱れることがある。
- 強い：生育が早く、適切な管理をすれば1〜2年でほぼ成株になる。
- 普通：「強い」と「弱い」の間。
- 弱い：生育が遅く、成株になるのに4年以上かかる。

■その他
耐寒性、耐暑性があるか。半日陰で生育できるか。

アルベリック・バルビエ
Albéric Barbier

花は白いロゼッタ咲きで、花持ちのよいつるバラ。葉にはつやがあり、伸長力は抜群。枝は細めで曲げやすいので、誘引しやすいのも魅力。どんな構造物を覆うにしても、とても上手にカバーすることができる丈夫な品種。大型のアーチ仕立てやパーゴラ仕立てにすると、この花のよさが特に表現できておすすめ。

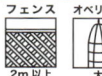

【花径】6cm
【香り】中香

【分類】HWich【開花サイクル】一季咲き【樹高・株張り】4.5m【作出】Barbier, フランス ,1900年【交配親】*Rosa luciae* × Shirley Hibberd【うどんこ病・黒点病】普通・とても強い【樹勢】とても強い【その他】耐寒性、耐暑性、半日陰可

シティ・オブ・ヨーク
City of York

白の花弁に黄色の花芯で、かわいらしいバラ。花は房状になるので、ボリュームのある雰囲気になる。葉は濃い緑で白バラをはっきり映してくれる。枝はつるっとしていて誘引しやすい。寒さに強く、寒冷地でも大きく育つタイプ。仕立てでは、特にパーゴラに向いている。

【花径】8cm
【香り】中香

【分類】LCl【開花サイクル】弱い返り咲き【樹高・株張り】3.5m【作出】Tantau,M.,ドイツ,1945年【交配親】Dorothy Perkins × Professor Gnau【うどんこ病・黒点病】普通・普通【樹勢】強い【その他】耐寒性・耐暑性あり、半日陰可

つるバラ 大

フェリスィテ・エ・ペルペテュ
Félicité-Perpétue

つぼみの時はピンクがかるが、開くと白になるポンポン咲きの愛らしい花。細めの枝先にも房になって花がつく。樹勢はとても強く、3年目になると一気に伸びだして4～5mになるので大型の仕立てに向く。

【花径】4cm
【香り】微香

【分類】HSem【開花サイクル】一季咲き【樹高・株張り】4.0×6.0m【作出】Jacques,M.,フランス,1829年【交配親】*Rosa sempervirens*×ノワゼット・ローズ(推定)【うどんこ病・黒点病】強い・強い【樹勢】とても強い【その他】耐寒性、耐暑性、半日陰可

パークス・イエロー・ティー センティド・チャイナ
Parks' Yellow Tea-scented China

透明感のある花弁が密に広がって美しい花姿を4月下旬から見せる。しなやかな枝につぼみが咲きだすと重みでしだれる。夏の葉の茂り方は涼しげ。大型の仕立て向きで樹木の外側の枝に引っかけるように誘引するのもよい。消毒いらずの強健種。

【花径】6.5cm
【香り】中香

【分類】T【開花サイクル】一季咲き【樹高・株張り】4.0m【別名】Flavescens, Jaune ancienne, *Rosa odorata ochroleuca* Rehd【作出】中国,1824年以前【うどんこ病・黒点病】強い・強い【樹勢】とても強い【その他】耐寒性、耐暑性、半日陰可

ラマルク
Lamarque

品のよい花型の白バラで、つぼみはとがっていてキュート。笹のような葉形も風になびくとさらさらとそよいで涼しげな表情で、葉だけでもきれいな風景を見せてくれる。ティーのやさしい香りも魅力。

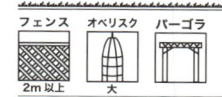

【花径】8cm
【香り】中香

【分類】N【開花サイクル】返り咲き【樹高・株張り】4.0m【別名】Maréchal【作出】Maréchal、フランス,1830年【交配親】Blush Noisette × Parks' Yellow Tea-scented China【うどんこ病・黒点病】普通・強い【樹勢】強い【その他】耐暑性

サンダース・ホワイト・ランブラー
Sander's White Rambler

小輪でさわやかな白バラ。多花性で、枝に房状になって咲きみだれる様子がすばらしく美しい。ずるずると伸びていく枝は曲げやすく誘引しやすい。伸長力もあり、パーゴラに適している。

【花径】3cm
【香り】中香

【分類】HWich【開花サイクル】一季咲き【樹高・株張り】4.0m【作出】Sander&Son, イギリス, 1912年【うどんこ病・黒点病】普通・とても強い【樹勢】とても強い【その他】耐寒性、耐暑性、半日陰可

ランブリング・レクター
Rambling Rector

白いセミダブルの平咲き。樹勢は強く、かなり広い面積を覆うことができるバラなので、仕立てる時は大型のフェンスやパーゴラなどが必要。花後は丸いローズヒップが実る。

【花径】5cm
【香り】中香

【分類】HMult【開花サイクル】一季咲き【樹高・株張り】5.0m【作出】1910年頃【交配親】*Rosa Multiflora × Rosa moschata* の説がある【うどんこ病・黒点病】普通・強い【樹勢】とても強い【その他】耐寒性、耐暑性、半日陰可

ボビー・ジェイムス
Bobbie James

花はセミダブルで5〜10の房になって咲く。伸びだすと太めのシュートが4mくらいになるので、あまり狭い場所での栽培には適さない。広い壁面や大型のパーゴラに向く品種で、写真のように、木に添わせるように仕立ててもこの花の美しさを表現できる。花後は丸いローズヒップがたくさんつく。

【花径】3.5cm
【香り】強香

【分類】HWich【開花サイクル】一季咲き【樹高・株張り】4.0m【作出】Sunningdale Nursery, イギリス, 1961年【うどんこ病・黒点病】普通・とても強い【樹勢】とても強い【その他】耐寒性、耐暑性、半日陰可

つるバラ 大

つるバラ　大

つるパスカリ
Pascali, Climbing

花色は純白だがクリームがかかることもある。剣弁高芯で、一輪だけで見ても美しい整った花型。高さのあるフェンス仕立てが向いている品種。

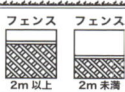

【花径】10cm
【香り】微香

【分類】Cl HT【開花サイクル】返り咲き【樹高・株張り】2.0m【作出】Anderson's Rose Nurseries, スコットランド,1978年【交配親】Pascali の枝変わり【うどんこ病・黒点病】普通・普通【樹勢】強い

マーメイド
Mermaid

淡いクリームイエローの大きめな一重の花。葉と茎が赤味を帯び落ち着いた感じが日本家屋にもマッチする。庭石の近くに植えて中低木として扱うと趣きがでる。とげはかぎの手状なので通路には不向き。

【花径】11cm
【香り】微香

【分類】HBc【開花サイクル】返り咲き【樹高・株張り】4.0m【作出】Paul,W., イギリス,1918年【交配親】*Rosa bracteata* ×八重咲き黄花のティー・ローズ【うどんこ病・黒点病】弱い・強い【樹勢】とても強い【その他】耐寒性、耐暑性

キモッコウバラ（ロサ・バンクシアエ'ルテア'）
Rosa banksiae 'Lutea'

日本でも春一番に咲く姿をよく目にするようになった。とげがなく育てやすいバラの代表。樹勢が強いので手を入れないと藪のようになるので注意する。春の開花後、夏あたりで一回切り戻すと扱いやすくなる。色違いで白もある。

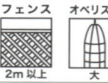

【花径】2cm
【香り】微香

【分類】Sp【開花サイクル】一季咲き【樹高・株張り】3.5m【別名】*Rosa banksiae lutea*【作出】1824年ごろ John Damper Parks によりイギリスへ持ち込まれた【うどんこ病・黒点病】普通・とても強い【樹勢】とても強い【その他】耐暑性

カジノ
Casino

花は明るいクリームイエローで、かたちは整形花、凛とした美しさがある。フェンスや壁面をダイナミックに彩る大輪花が豪華な風景をつくってくれる。夏から秋にかけて、ポツポツと花をつけるタイプのバラ。

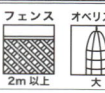

【花径】8cm
【香り】微香

【分類】Cl【開花サイクル】返り咲き【樹高・株張り】4.0m【作出】Samuel Darragh McGredy IV, イギリス,1963年【交配親】Coral Dawn × Buccaneer【うどんこ病・黒点病】強い・普通【樹勢】強い【その他】耐暑性

ギスレヌ・ドゥ・フェリゴンドゥ
Ghislaine de Féligonde

クリームイエローのセミダブルの小輪花がたくさん咲くと、辺りがふわっと明るくなるのは葉色も明るめのグリーンだから。壁面やパーゴラ、ドアを囲むような大胆な仕立てに向く。とげは少なめなので誘引しやすい。

【花径】2.5cm
【香り】微香

【分類】HMult【開花サイクル】弱い返り咲き【樹高・株張り】2.5m【作出】Turbat, フランス ,1916 年【交配親】Goldfinch × *Rosa multiflora* の実生【うどんこ病・黒点病】普通・とても強い【樹勢】とても強い【その他】耐寒性、耐暑性、半日陰可

マーシャル ニール
Maréchal Niel

花は高芯の淡い黄色で、あまり開ききらずに終わる。花首が細く下を向いて咲くので、軒下の窓辺に誘引したり、下から見上げるような仕立に向く。とげはかぎの手状になっていて引っかかりやすいので、人が通る場所には適さない。

【花径】7.5cm
【香り】中香

【分類】N【開花サイクル】返り咲き【樹高・株張り】4.0m【別名】大山吹【作出】Henri & Giraud Pradel, フランス ,1864 年以前【交配親】Isabella Gray の実生【うどんこ病・黒点病】普通・普通【樹勢】普通

つるバラ　大

オーギュスト・ジュルベ
Auguste Gervais

花はあっさりした印象のアプリコット色で、花芯の色は濃いめ。赤みのあるグリーンの葉と花型のコントラストが特に美しさを感じさせる。伸長力があり、しなやかに伸びた枝は、夏に涼を呼ぶグリーンカーテンになる。パーゴラや壁面に仕立てるのがおすすめ。

【花径】8cm
【香り】強香

【分類】HWich【開花サイクル】返り咲き【樹高・株張り】3.5m【別名】Auguste Gervais【作出】Barbier Frères & Compagnie, フランス ,1916 年【交配親】*Rosa wichuraiana Crép.* Synonym × Le Progrès【うどんこ病・黒点病】強い・強い【樹勢】強い【その他】耐寒性、耐暑性、半日陰可

ルーピング
Looping

ほかの品種ではあまり見られないめずらしい色合いのアプリコットの花。シュートは太く伸長力があり、4m以上になる場合もあり、壁面の仕立てに向く。

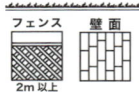

【花径】10cm
【香り】微香

【分類】LCl【開花サイクル】一季咲き【樹高・株張り】4.0m【別名】Meirovonex【作出】Marie-Louise (Louisette) Meilland, フランス ,1977年【交配親】((Zambra × Zambra) × ((Danse des Sylphes × Danse des Sylphes) × (Cocktail × Cocktail))) × Royal Gold【うどんこ病・黒点病】普通・普通【樹勢】強い【その他】耐寒性、耐暑性

ゴールデン・リバー
Golden River

ライトイエローが少しくすんだような色合いで、外花弁が赤みを帯びることもある。とげはほとんどないので扱いやすい。枝は半直立で、横に誘引しづらい場合もある。

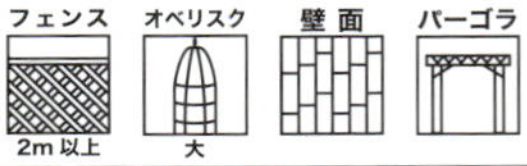

【花径】10cm
【香り】微香

【分類】LCl【開花サイクル】一季咲き【樹高・株張り】4.5m【作出】鈴木省三 ,日本 ,1985年【交配親】Charleston × Dorothy Perkins【うどんこ病・黒点病】普通・強い【樹勢】とても強い【その他】耐寒性、耐暑性

トレジャー・トローヴ
Treasure Trove

花は上品なクリーム系オレンジが入るように見える時もあり、日差しが強いと白になる。かなり大型になるので狭い場所には向かない。木に絡めるなど、花が降り注ぐように仕立てるとこのバラのよさが表現できる。

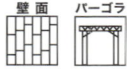

【花径】4cm
【香り】微香

【分類】LCl【開花サイクル】一季咲き【樹高・株張り】6.0m【作出】Treasure, イギリス ,1977年【交配親】Kiftsgate ×不明種【うどんこ病・黒点病】普通・とても強い【樹勢】とても強い【その他】耐寒性、耐暑性、半日陰可

デプレア・フルール・ジョーヌ
Desprez à fleurs jaunes

淡いオレンジとイエローのミックスで絶妙な色合いが、建物と調和もしやすい。あまり主張が強いわけではないが存在感のあるバラで、壁面やフェンス仕立てがおすすめ。

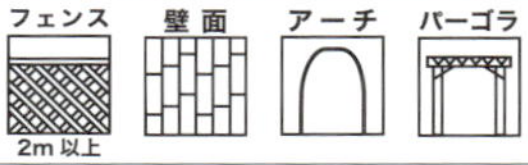

【花径】7cm
【香り】中香

【分類】N【開花サイクル】返り咲き【樹高・株張り】5.0m【別名】Jean Desprez【作出】Jean Desprez, フランス ,1830年【交配親】Blush Noisette × Parks'Yellow Tea-scented China【うどんこ病・黒点病】普通・普通【樹勢】強い

アデレード・ドルレアン
Adelaide d'Orleans

ピンクともアップリコットともいえないニュアンスのある白色で、透き通るような薄い花弁と相まってやさしくふんわりとした印象。細かい葉がさらにやわらかなイメージを助長している。ランブラータイプの中でも枝が細めで扱いやすく、目の細めのオベリスクや柱にも巻きつけられる。窓辺を覆うように仕立てるのもおすすめ。

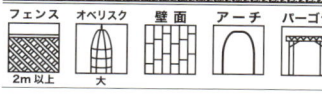

【花径】7cm
【香り】微香

【分類】HSem【開花サイクル】一季咲き【樹高・株張り】6.0m【別名】Wood's Don Juan【作出】Antoine A. Jacques, フランス ,1826年【交配親】*Rosa sempervirens* が関わる交雑【うどんこ病・黒点病】強い・強い【樹勢】強い【その他】耐寒性、半日陰可

ポールズ・ヒマラヤン・ムスク・ランブラー
Paul's Himalayan Musk Rambler

花はシルバーピンクのポンポン咲きで、やさしい雰囲気を漂わせる。枝は強いシュートが出て伸長力があり、5mくらいならあっという間に伸びる。大きなパーゴラや壁面、高いフェンス、木に這わせるなど、一株でシンボルツリーになるつるバラ。

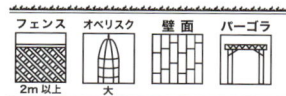

【花径】5cm
【香り】中香

【分類】HMsk【開花サイクル】一季咲き【樹高・株張り】4.5m【作出】George Paul, イギリス ,1899年【交配親】*Rosa brunonii* の交雑個体【うどんこ病・黒点病】普通・普通【樹勢】とても強い【その他】耐寒性、耐暑性、半日陰可

つるバラ 大

つるバラ 大

ブラッシュ・ランブラー
Blush Rambler

花芯はクリームで、外に向かってピンクが濃くなるセミダブルの花、房状になって咲く。伸長力があり仕立てやすいので、オベリスクや立体的なフェンスにも使うことができる。花後は丸いローズヒップがつき、秋には濃いオレンジ色になる。

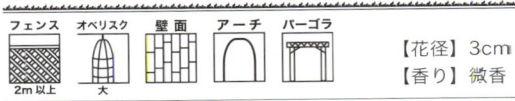

【花径】3cm
【香り】微香

【分類】HMult【開花サイクル】一季咲き【樹高・株張り】4.0m【作出】Benjamin R.Cant&Sons, イギリス ,1903年【交配親】Crimson Rambler × The Garland【うどんこ病・黒点病】強い・とても強い【樹勢】とても強い【その他】耐寒性、耐暑性、半日陰可

つるミニュエット
Minuette, Climbing

クリームにローズピンクの覆輪で、3〜4の房咲きになる。愛らしい花姿なので、トレリスで壁面を飾るような、近距離で鑑賞する仕立て方がおすすめ。

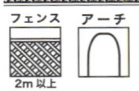

【花径】7cm
【香り】微香

【分類】Cl F【開花サイクル】返り咲き【樹高・株張り】2.0m【作出】Kato, 日本 ,1974年【うどんこ病・黒点病】普通・普通【樹勢】強い【その他】耐寒性、耐暑性

ヒアワサ（ハイワサ）
Hiawatha

落ち着いたマットで濃いローズピンクの一重咲き。ランブラーに属し、よく伸びて下垂しても咲く。耐病性があり、伸びだすとシュートが太く強く出てくるようになる。

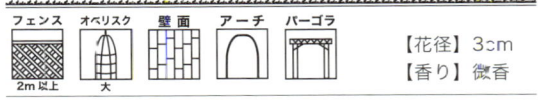

【花径】3cm
【香り】微香

【分類】HMult【開花サイクル】一季咲き【樹高・株張り】6.0m【別名】R.wichurana 'Hiawatha', 緋織 , 勝関【作出】Michael H. Walsh, アメリカ ,1904年【交配親】Crimson Rambler × Paul's Carmine Pillar【うどんこ病・黒点病】とても強い・とても強い【樹勢】とても強い【その他】耐寒性、耐暑性

ロサ・ムルティフローラ・アデノカエタ
Rosa Multiflora Adenochaeta

クリーム&ピンクの覆輪がでる一重咲き。とげがほとんどない品種なので、人が通るフェンスやアーチにも向く。花後は丸いローズヒップが実る。

【花径】3cm
【香り】微香

【分類】Sp【開花サイクル】一季咲き【樹高・株張り】4.0m【別名】ツクシイバラ、つくし野ばら【作出】日本【うどんこ病・黒点病】強い・強い【樹勢】強い【その他】耐寒性、耐暑性、半日陰可

ブルームフィールド・アバンダンス
Bloomfield Abundance

淡い白に近いピンクの八重咲き小輪で、細い枝にも咲く。フェンス向きで、2〜3年経つと太いシュートが伸びだす。半日陰に強く、病気にも強い強健種。

【花径】5cm
【香り】微香

【分類】Ch【開花サイクル】四季〜返り咲き【樹高・株張り】2.0×1.0m【作出】Captain George C. Thomas, アメリカ ,1920年【交配親】Sylvia × Dorothy Page-Roberts【うどんこ病・黒点病】強い・強い【樹勢】普通【その他】耐寒性、耐暑性、半日陰可

つるバラ 大

キュー・ランブラー
Kew Rambler

一輪で見るとハートの花弁が5枚、縁がピンクで花芯がクリームのとても愛らしい花。咲くとこれが房の球状になり、手まりのようなかわいらしい姿になる。とげは大きくたくさんあるので扱いには注意する。よく伸びるので、大型の仕立てにもおすすめ。

【花径】3cm
【香り】中香

【分類】HMult【開花サイクル】一季咲き【樹高・株張り】4.0m【作出】キュー王立植物園, イギリス ,1913年【交配親】*Rosa soulieana* × Hiawatha【うどんこ病・黒点病】普通・強い【樹勢】とても強い【その他】耐寒性、耐暑性

ジ・オルブライトン・ランブラー
The Albrighton Rambler

カップ咲きのクリアなピンク色の花で、細めの枝から房になったつぼみがつく。花が咲きはじめ、その重みで顔をかしげるような姿がとても美しい。枝を引っかけて咲かせるような仕立てに向き、花がこぼれんばかりに咲きだすとムスクの香りに満たされる。

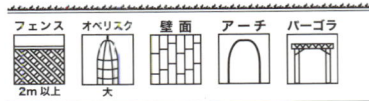

【花径】5cm
【香り】微香

【分類】S【開花サイクル】返り咲き【樹高・株張り】3.0m【別名】Ausmobile【作出】Austin,D., イギリス ,2013 年【交配親】実生×実生【うどんこ病・黒点病】普通・普通【樹勢】強い【その他】耐寒性、耐暑性、半日陰可

アルベルティーヌ
Albertine

花はサーモンピンクで八重咲きの多花性。枝に密に花が連なるのでオベリスクやフェンスなどでもきれいに整う。樹勢は力強く枝が出るので、長く伸ばしたい時は、下からのシュートを制御したほうがよい。

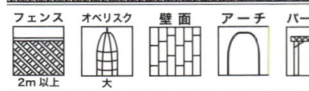

【花径】7cm
【香り】強香

【分類】HWich【開花サイクル】一季咲き【樹高・株張り】4.5m【作出】Barbier, フランス ,1921 年【交配親】*Rosa luciae* × Mrs.Arthur Robert Waddell【うどんこ病・黒点病】普通・強い【樹勢】とても強い【その他】耐寒性、耐暑性、半日陰可

メイ・クイーン
May Queen

ソフトピンクの甘いニュアンスのつるバラ。やわらかい枝なので誘引しやすく、アーチなど大きめの仕立てでも楽に誘引することができる。

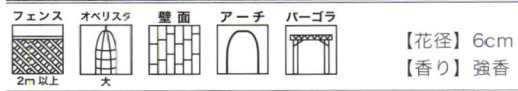

【花径】6cm
【香り】強香

【分類】HWich【開花サイクル】一季咲き【樹高・株張り】5.0m【作出】Van Fleet, アメリカ ,1898 年【交配親】*Rosa luciae* × Champion of the World【うどんこ病・黒点病】弱い・強い【樹勢】とても強い【その他】耐寒性、耐暑性、半日陰可

つるバラ 大

つるバラ 大

フランソワ・ジュランヴィル
François Juranville

サーモンピンクのロゼッタ咲きで、葉色は赤味がかった濃いグリーン。大変伸長力があり、細めの枝がどんどん伸びていく。大型のパーゴラや壁面、屋根にかけて仕立てるなど、かなりの面積を埋めることができる。どこを切っても花つきのがいいので、頼り甲斐のあるつるバラ。

フェンス	オベリスク	壁面	アーチ	パーゴラ
2m以上	大			

【花径】6cm
【香り】中香

【分類】HWich【開花サイクル】一季咲き【樹高・株張り】4.5m【作出】Barbier, フランス ,1906 年【交配親】*Rosa luciae* × Madame Laurette Messimy【うどんこ病・黒点病】普通・とても強い【樹勢】とても強い【その他】耐寒性、耐暑性

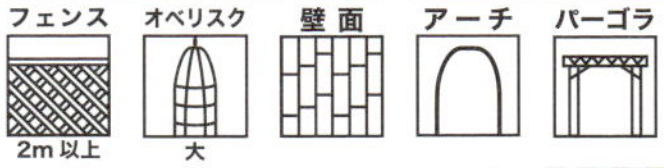

つるバラ 大

ニュー・ドーン
New Dawn

淡いピンクのやさしい色合いの多花性。よく伸びるがとげが多く、絡むと扱いにくくなるので注意が必要。伸びてくる6月からはよく観察して、伸ばす方向を定めたり、多い枝は切るとよい。強健種を多く生み出している親でつるバラの育種に貢献した品種として、世界バラ会議で殿堂入りを果たしている。

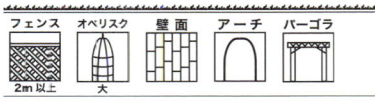

【花径】7cm 【香り】中香

【分類】LCl【開花サイクル】返り咲き【樹高・株張り】3.0m【作出】SOMERSET ROSE NURSERY、アメリカ,1930年【交配親】Dr.W.Van Fleet の枝変わり【うどんこ病・黒点病】普通・とても強い[樹勢]強い【その他】耐寒性、耐暑性

つるピンク・シフォン
Pink Chiffon,Climbing

白に近い淡いピンク。花弁が薄く、幾重にも重なりディープカップで咲くが、花首が弱く下を向く。この特徴をいかし高いところへ誘引すると下を向くので、ちょうど花の中心を見ることができる。愛らしい姿のつるバラ。

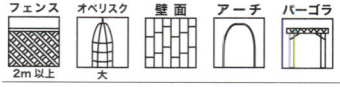

【花径】7cm 【香り】微香

【分類】Cl F【開花サイクル】一季咲き【樹高・株張り】3.0m【交配親】ピンク シフォンの枝変わり【うどんこ病・黒点病】普通・普通【樹勢】普通【その他】耐寒性、耐暑性

つるラ・フランス
La France,Climbing

ピンクの愛らしい花で、花つきがよい多花性の品種。下のほうから密に花が連なって咲く美しい姿は圧巻。シュートが出やすいので、よい枝を選んで使うことができる。フェンスやアーチにおすすめ。

【花径】10cm 【香り】強香

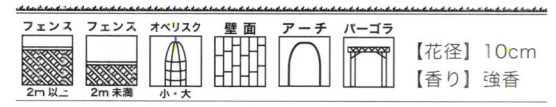

【分類】LCl【開花サイクル】一季咲き【樹高・株張り】3.0×3.0m【作出】Peater Henderson、アメリカ,1893年【交配親】La France の枝変わり【うどんこ病・黒点病】弱い・普通【樹勢】強い【その他】耐寒性、耐暑性

スパニッシュ・ビューティ
Spanish Beauty

花はマットなピンク色で、フリル状の花弁が愛らしい雰囲気を醸し出す。早咲きの品種。大型のパーゴラやフェンス、軒まわりを演出するなど仕立て方によって印象が異なる。下を向いて咲くので、見上げる仕立てがこのバラのよさをもっとも表現できる。

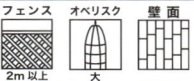

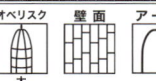

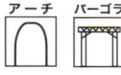

【花径】13cm
【香り】強香

【分類】LCl【開花サイクル】一季咲き【樹高・株張り】3.0m【別名】Madame Grégoire Staechelin【作出】Dot,P., スペイン,1929年【交配親】Frau Karl Druschki × Château du Clos Vougeot【うどんこ病・黒点病】弱い・普通【樹勢】強い【その他】耐寒性、耐暑性、半日陰可

ドロシー・パーキンス
Dorothy Perkins

ピンクのポンポン咲きの花がブドウの房のように密につく様は、藤の花のようにも見える。この雰囲気をいかすには、ロープに沿わせるガーランド仕立てや窓枠を囲む仕立てがおすすめ。うどんこ病に弱いので、なるべく風通しのいいところに植えるようにする。

【花径】3cm
【香り】微香

【分類】HWich【開花サイクル】一季咲き【樹高・株張り】5.0m【作出】Miller,A., アメリカ,1901年【交配親】*Rosa luciae* × Madame Gabriel Luizet【うどんこ病・黒点病】弱い・とても強い【樹勢】とても強い【その他】耐寒性、耐暑性、半日陰可

つるバラ 大

つるバラ 大

つるマリア・カラス
Maria Callas, Climbing

蛍光がかったローズピンクの大輪花で、見る人を圧倒するほどの豊満な花姿が最大の魅力。大きなアーチやパーゴラなどの仕立てで楽しんでほしい品種。古木になっても勢いがあり、咲き続ける強健種。

フェンス 2m以上 / オベリスク 大 / 壁面

【花径】15cm
【香り】強香

【分類】Cl HT【開花サイクル】弱い返り咲き【樹高・株張り】3.5m【別名】Meidaudsar,Miss All-American Beauty,Cl.【作出】MEILLAND,フランス,1969年【交配親】Maria Callasの枝変わり【うどんこ病・黒点病】普通・普通【樹勢】強い【その他】耐寒性、耐暑性

ロザンナ
Rosanna

整形花で花色はローズピンク。品がよく美しい樹形。花持ちもよく丈夫な品種で、太めのシュートが出る。フェンスに仕立てるのがおすすめ。

フェンス 2m以上

【花径】10cm
【香り】微香

【分類】LCl【開花サイクル】返り咲き【樹高・株張り】3.0m【別名】Korinter【作出】Reimer Kordes,ドイツ,1985年【交配親】Coral Dawn ×（Zoria × Norris Pratt）【うどんこ病・黒点病】普通・普通【樹勢】強い【その他】耐寒性、耐暑性

つるウェンディ・カッソンズ
Wendy Cussons, Climbing

ローズピンクの華やかな花姿で見る人を魅了する。香りと花持ちがよく、樹勢も強い品種。大型のパーゴラや高いフェンスにおすすめ。

花壇 / 鉢 / フェンス 2m以上

【花径】10cm
【香り】強香

【分類】Cl HT【開花サイクル】一季咲き【樹高・株張り】3.0m【作出】Follen,イギリス,1967年【交配親】Wendy Cussonsの枝変わり【うどんこ病・黒点病】普通・普通【樹勢】強い【その他】耐寒性、耐暑性

つるソニア
Sonia, Climbing

木立ちタイプは、切花としてもつくられている品種で、花色はサーモンピンクであっさりとした控えめな花姿。花首は伸びやすく、シュートにもまんべんなく花がつくタイプ。花持ちがいいもの魅力。

【花径】7cm
【香り】微香

【分類】Cl【開花サイクル】返り咲き【樹高・株張り】5.0m【別名】Grimpant Sonia Meilland, Sonia Meilland, Cl., Sweet Promise, Cl.【作出】Marie-Louise (Louisette) Meilland, フランス ,1976年【交配親】ソニアの枝変わり【うどんこ病・黒点病】普通・普通【樹勢】普通

フランボワーズ・バニーユ
Framboise Vanille

ピンクと白のコントラストが美しい花色。枝はしなやかでとげが少ないため曲げやすくアーチやオベリスクの仕立てに向く。フルーツの甘い香りはこのバラの雰囲気にぴったり。花首が長いので切花やフラワーアレンジメントにも使用しやすい。

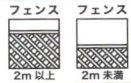

【花径】8〜9cm
【香り】微香

【分類】Cl【開花サイクル】返り咲き【樹高・株張り】2.5〜3.0m【別名】Colibri Farbfestival【作出】Meilland, フランス ,2010年【交配親】Deborah × (Sorbet Fruité Cl. × Bonica'82)【うどんこ病・黒点病】強い・普通【樹勢】強い

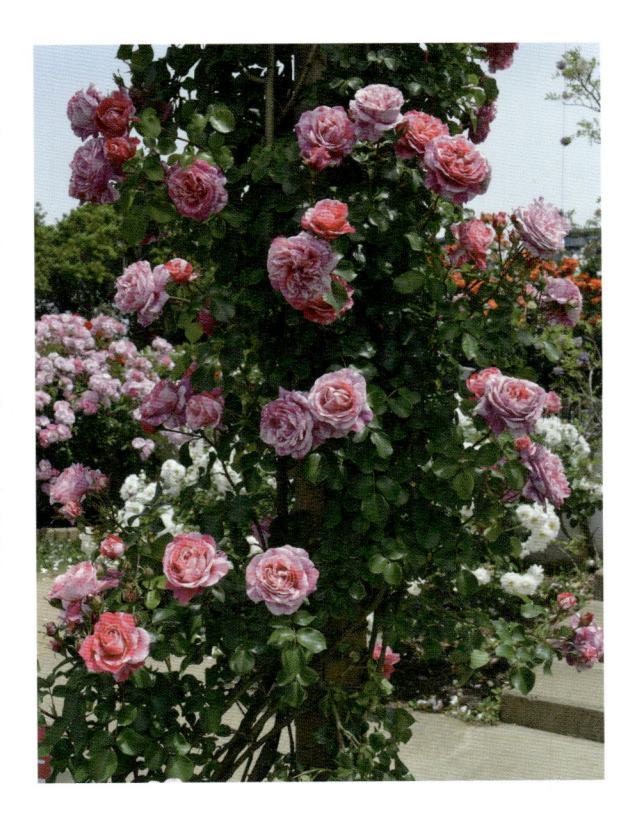

つるバラ 大

ハンブルガー・フェニックス
Hamburger Phoenix

先端のほうに房になって咲く、明るい色合いの赤バラ。遠くから見ても目立つインパクトのある花なので、そのことを考えて植える場所を選んだほうがいい。枕木のようなこげ茶系の構造物に合う。

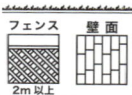

【花径】8cm
【香り】微香

【分類】HKor【開花サイクル】返り咲き【樹高・株張り】5.0m【別名】Hamburg Rising【作出】Wilhelm J.H. Kordes Ⅱ , ドイツ ,1954年【交配親】*Rosa kordesii* ×実生【うどんこ病・黒点病】強い・強い【樹勢】強い【その他】耐寒性、耐暑性

スカーレット・クイーン・エリザベス
Scarlet Queen Elizabeth

とても目立つ明るい朱色で、庭のポイントに使うのに適している。花首は伸びるタイプで、アーチには向かない。耐病性があり伸長力に優れる。壁面など高さがある場所がおすすめ。

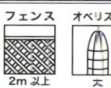

【花径】10cm
【香り】微香

【分類】F【開花サイクル】四季咲き【樹高・株張り】2.0×1.3m【別名】Queen Elizabeth rouge【作出】Patrick Dickson イギリス ,1963【交配親】(Korona ×実生) × Queen Elizabeth【うどんこ病 黒点病】強い・強い【樹勢】強い【その他】耐寒性、耐暑性

ニュー・ドーン・レッド
New Dawn Red

明るい赤で、厚みのある花弁なので雨に強く、半日陰でも2～3年でよく伸びて咲く。香りはあまりないが、花持ちはいい。かなり伸びる性質なので大型の仕立てに向く。

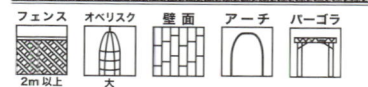

【花径】7cm
【香り】中香

【分類】LCl【開花サイクル】返り咲き【樹高・株張り】3.0m【別名】Étendard【作出】Marcel Robichon, フランス ,1956年【交配親】ニュー・ドーン×実生【うどんこ病・黒点病】普通・とても強い【樹勢】強い【その他】耐寒性、耐暑性、半日陰可

つるファイアーグロー
Fireglow,Climbing

赤に近いオレンジの小輪花。伸びた枝先に房になって咲く。葉はライトグリーン、とげも少なめでオベリスクに適している。うどんこ病に弱いので、あまり風通しの悪い場所は避けたほうがよい。

【花径】3cm
【香り】微香

【分類】Cl【開花サイクル】返り咲き【樹高・株張り】3.0m【別名】Étendard【作出】Marc Guillot, フランス ,1950年【交配親】Fireglow の枝変わり【うどんこ病・黒点病】弱い・普通【樹勢】普通【その他】耐寒性

ザッツ・ジャズ
That's Jazz

大人っぽいシックな花色の多花性品種。その名の通りリズミカルに分散するような咲き姿がおもしろい。広いフェンスに伸びのび咲かせたいバラ。

【花径】10cm
【香り】強香

【分類】LCl【開花サイクル】一季咲き【別名】Pulnor【作出】Olesen, デンマーク,1986年【交配親】実生×Norita【うどんこ病・黒点病】普通・普通【樹勢】強い【その他】耐寒性、耐暑性

ダイナマイト
Dynamite

花色は真っ赤でビロードのような感じ。ダイナマイトの名にふさわしく、パンチのきいた咲き方で大変迫力がある。大きなフェンスにおすすめの品種。

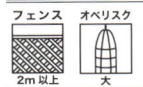

【花径】11cm
【香り】微香

【分類】LCl【開花サイクル】四季〜返り咲き【樹高・株張り】2.5m【別名】High Flyer,JACsat【作出】William A. Warriner, アメリカ,1992年【交配親】実生×Sympathie【うどんこ病・黒点病】普通・普通【樹勢】普通【その他】耐寒性、耐暑性

つるバラ 大

つるプレジデント・L・サンゴール
President Léopold Senghor,Climbing

真紅の剣弁高芯咲きで、ビロードのような厚い花弁が魅力。大輪花なので密に咲くわけではないが、花と花の間に隙間があることで一輪ずつの見事さがかえって強調されて見える。高いフェンスや大型のアーチでの仕立てがおすすめ。

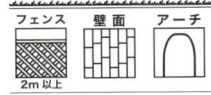

【花径】13cm
【香り】微香

【分類】Cl HT【開花サイクル】一季咲き【樹高・株張り】3.0m【作出】Meilland International, フランス,1982年【交配親】President L.Senghorの枝変わり【うどんこ病・黒点病】普通・普通【樹勢】強い【その他】耐寒性、耐暑性

つるバラ　大

トラディション
Tradition

はっきりした赤の花色がとても目をひくバラ。房になりやすく、フェンスなどではその鮮やかな姿が、ガーデンを明るい雰囲気に演出してくれる。樹勢はとても強く、細枝にも8〜15くらいのつぼみがつくタイプの品種。大きくなるので、大型のフェンスやアーチにも向いている。

フェンス	フェンス	オベリスク	アーチ
2m以上	2m未満	大	

【花径】9cm
【香り】微香

【分類】LCl【開花サイクル】一季咲き【樹高・株張り】6.0m【別名】KORkeltin, Tradition 95【作出】W.Kordes&Sons, ドイツ,1995年【うどんこ病・黒点病】普通・強い【樹勢】とても強い【その他】耐寒性、耐暑性

ドン・ファン
Don Juan

落ち着いた黒っぽい赤なので、黒やグレーの壁面とマッチし、この花の美しさを発揮できる。大きく伸ばしてフェンスにすると、見事な見栄えになる。花持ちのいい品種。

【花径】12cm
【香り】中香

【分類】LCl【開花サイクル】四季〜返り咲き【樹高・株張り】3.0×3.0m【作出】Malandrone, イタリア, 1958年【交配親】(New Dawn ×不明) × New Yorker【うどんこ病・黒点病】普通・普通【樹勢】普通【その他】耐寒性、耐暑性

つるフォーティ-ナイナー
Forty-niner, Climbing

花弁の表が真っ赤、裏が黄色の花でインパクト大。花型も美しく、全体で見ると整った赤のつるバラというイメージ。高めのフェンス、壁面に向く。

【花径】10cm
【香り】中香

【分類】Cl HT【開花サイクル】一季咲き【樹高・株張り】3.0m【作出】William B. Moffett, アメリカ, 1952年【交配親】Forty-ninerの枝変わり【うどんこ病・黒点病】普通・普通【樹勢】普通【その他】耐寒性、耐暑性

つるバラ 大

ローズマリー・ヴィオード
RoseMarie Viaud

濃いめのラベンダー色で、房状になって咲く多花性のつるバラ。伸びのびと自由に枝を伸ばせる場所に植えると本来の優雅な花姿が表現できる。狭い場所で誘引する場合は、少し枝を束ねて軒下を渡らせるような仕立てにするときれいな仕上がりに。

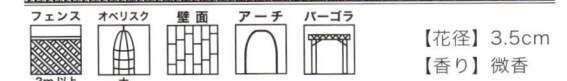

【花径】3.5cm
【香り】微香

【分類】HMult【開花サイクル】一季咲き【樹高・株張り】6.0m【作出】M.Igoult, フランス, 1924年【交配親】Veilchenblauの実生【うどんこ病・黒点病】普通・普通【樹勢】普通【その他】耐寒性、耐暑性

つるバラ 大

ファイルフェンブラウ
Veilchenblau

紫のつるバラの中でも人気があり、とてもよく伸びる。葉はライトグリーンで、紫の花色とのコンビネーションが美しい。花壇からパーゴラまでさまざまな仕立てが楽しめる品種。とげが少ないので、人通りのある壁面やアーチにも適している。

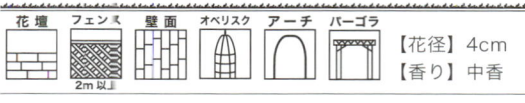

【花径】4cm
【香り】中香

【分類】HWich【開花サイクル】一季咲き【樹高・株張り】4.0×4.0m【別名】Blue Rambler, Bleu Violet, Blue Rosalie, Violet Blue【作出】Schmidt,J.C.,ドイツ,1909年【交配親】Crimson Rambler × Erinnerung an Brod【うどんこ病・黒点病】普通・普通【樹勢】強い【その他】耐寒性、耐暑性

つるブルー・ムーン
Blue Moon,Climbing

ダマスクの甘い香りと淡いパープルの花色で、上品な雰囲気のあるバラ。落ち着いたイメージの花姿で、つるバラ特有の趣があり優美な世界をつくってくれる。多花性ではない分、一輪を愛でる楽しさがある。大きめのフェンスに仕立てるのがおすすめ。

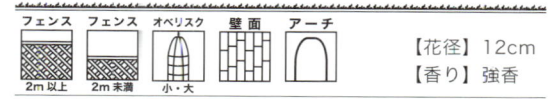

【花径】12cm
【香り】強香

【分類】Cl HT【開花サイクル】返り咲き【樹高・株張り】3.0m【別名】Blue Monday, Cl., Climbing Mainzer Fastnacht【作出】Mungia,F.,アメリカ,1981年【交配親】Blue Moonの枝変わり【うどんこ病・黒点病】弱い・普通【樹勢】強い【その他】耐寒性、耐暑性

つるアイスバーグ
Iceberg, Climbing

純白の花が密に咲く姿はとても美しく、葉の様子もさわやか、見る人を癒し落ち着かせてくれるようなやさしい雰囲気のあるバラ。さまざまな使い方ができ、アーチパーゴラ、フェンスなどすべての仕立てに対応できる使い勝手のいい品種。

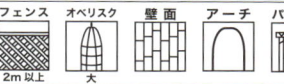

【花径】8cm
【香り】中香

【分類】Cl F【開花サイクル】一季咲き【樹高・株張り】4.0m【別名】Schneewittchen,Climbing【作出】Cant,B., イギリス ,1968年【交配親】Iceberg の枝変わり【うどんこ病・黒点病】普通・普通【樹勢】普通【その他】耐寒性、耐暑性

つるバラ 中

新雪
Shinsetsu

少しクリームがかった白い大輪で、ゆったりと上品な姿で咲く。シュートは太めであまり小さい仕立てには向かないので、大型のアーチかパーゴラ、高いフェンスに仕立てるといい。安定して秋まで咲き続ける。

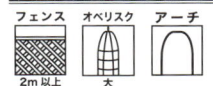

【花径】11cm
【香り】強香

【分類】LCl【開花サイクル】四季〜返り咲き【樹高・株張り】3.0m【別名】Shin-Setsu【作出】鈴木省三 , 京成バラ園芸 , 日本 ,1974年【交配親】Blanche(Mallerin × Neige Parfum) × (New Dawn ×不明)【うどんこ病・黒点病】普通・とても強い【樹勢】とても強い【その他】耐寒性、耐暑性

シー・フォーム
Sea Foam

純白で小ぶりな花が短い花首に咲く。枝に連なる花姿が特徴的。1㎡くらいのスペースに弓なりに広げる剪定で咲かせても雪が積もったような白の世界になる。耐病性があり、よく咲き続ける。

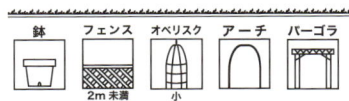

【花径】3cm
【香り】微香

【分類】S【開花サイクル】四季〜返り咲き【樹高・株張り】1.0 × 2.0m【作出】Ernest W.Schwartz, アメリカ ,1964年【交配親】[(White Dawn × Pinocchio) × (White Dawn × Pinocchio)] × (White Dawn × Pinocchio)【うどんこ病・黒点病】強い・とても強い【樹勢】普通【その他】耐寒性、耐暑性

つるバラ 中

フラウ・カール・ドルシュキ
Frau Karl Druschki

純白の整形花で、太いシュートが出やすいタイプ。大型の構造物に仕立てるのに向いている品種で、高さのあるオベリスクやアーチ、大きなフェンスに仕立てるといい。

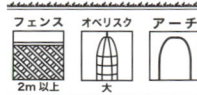

【花径】8cm
【香り】微香

【分類】HP【開花サイクル】四季〜返り咲き【樹高・株張り】2.5m【別名】不二【作出】Lambert,P.,ドイツ,1901年【交配親】Merveille de Lyon × Madame Caroline Testout【うどんこ病・黒点病】弱い・普通【樹勢】強い【その他】耐寒性、耐暑性

ブラン・ピエール・ドゥ・ロンサール
Blanc Pierre de Ronsard

咲ききってくるとほとんど白に見えるが、純白ではない淡いクリーム白。花弁のふちはピンクグリーンになって咲くこともある。葉は照り葉で、輝くような美しい木姿。アーチやフェンスに向く品種。

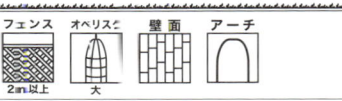

【花径】12cm
【香り】微香

【分類】LCl【開花サイクル】弱い返り咲き【樹高・株張り】3.0m【別名】MElviowi、Palais Royal、White Eden、Blushing Pierre de Ronsard【作出】Meilland,M.,フランス,2004年【交配親】Pierre de Ronsard の枝変わり【うどんこ病・黒点病】強い・普通【樹勢】普通【その他】耐寒性、耐暑性

ロサ・ムルティフローラ (ノイバラ)
Rosa multiflora

一重の五枚花弁の小輪花で、日本の原種として世界でも評価されている品種。バラの台木として改良種が使われ、とげのないつるバラとしても扱われている。赤い丸い実がたくさんつく。

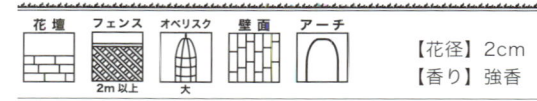

【花径】2cm
【香り】強香

【分類】Sp【開花サイクル】一季咲き【樹高・株張り】3.5m【うどんこ病・黒点病】普通・とても強い【樹勢】とても強い

ソンブルーイ
Sombreuil

クリーム白のロゼッタ咲きで紅茶のようなさわやかな香りが魅力。葉先が細くとがっていて、赤みを帯びた葉と茎の緑が白を引き立てる。暖地では秋にもよい花が咲く。オベリスクかアーチの仕立てが適している。

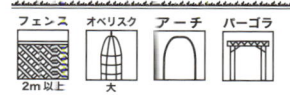

【花径】8cm
【香り】中香

【分類】LCl【開花サイクル】返り咲き【樹高・株張り】2.5m【別名】Colonial White【作出】1940年ごろ【うどんこ病・黒点病】普通　強い【樹勢】強い【その他】耐寒性、耐暑性

マダム・アルフレッド・キャリエール
Madame Alfred Carrière

白の八重咲きで2〜4輪の房になって咲くバラで、ティーのよい香りを漂わせる。つるの枝は扱いやすいので、大型のパーゴラに仕立てることもできる。終わった花を切り戻すと返り咲きしやすくなるので、小まめに花がらを取るようにする。

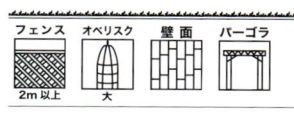

【花径】7cm
【香り】中香

【分類】N【開花サイクル】弱い返り咲き【樹高・株張り】2.5m【作出】Schwartz,J.,フランス,1875年【うどんこ病・黒点病】弱い・強い【樹勢】強い【その他】耐寒性、耐暑性、半日陰可

つるユキ・サン
Youki San,Climbing

ティーのすっきりとした香りを持つ純白の整形花。とがったつぼみは品がよく、悠々とたわわに咲き誇る姿が美しい。風通しの悪い場所では、うどんこ病にかかりやすいので注意する。花首が長いタイプのバラなので、切花として楽しむこともできる。

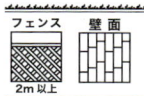

【花径】10cm
【香り】中香

【分類】Cl HT【開花サイクル】返り咲き【樹高・株張り】3.0m【作出】伊丹バラ園,日本,1970年【交配親】Youki Sanの枝変わり【うどんこ病・黒点病】弱い・普通【樹勢】強い【その他】耐寒性、耐暑性

つるバラ　中

エバーゴールド
Evergold

鮮やかでまぶしいくらいに輝く黄色いつるバラ。あまり装飾的ではない、シンプルなフェンスで仕立てると、黄色いバラがとても映えて美しい。

【花径】8cm
【香り】中香

【分類】LCl【開花サイクル】返り咲き【樹高・株張り】2.0m【作出】Kordes,R.,ドイツ,1966年【交配親】【うどんこ病・黒点病】普通・弱い【樹勢】普通【その他】耐暑性

ハイ・ヌーン
High Noon

レモンイエローで花弁が少なく、10枚前後でふんわりと咲く姿が軽やかに見えてきれい。よく返り咲き、秋まで楽しめる。フェンス向きの品種。

【花径】8cm
【香り】中香

【分類】Cl HT【開花サイクル】四季〜返り咲き【樹高・株張り】2.5m【別名】Legacy of Iola Maule【作出】Dr. Walter E. Lammerts,アメリカ,1946年【交配親】Soeur Thérèse × Captain Thomas【うどんこ病・黒点病】普通・弱い【樹勢】普通【その他】耐暑性

つるゴールド・バニー
Gold Bunny, Climbing

まぶしいくらいに黄色い花がびっしりと集まって咲く。フェンスでもアーチでも、黄色いバラを目立たせたいコーナーに使うのがおすすめ。花持ちがよく、返り咲くタイプの品種。枝は更新して新しい枝と取り替える剪定をしていくほうがいい。

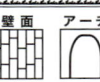

【花径】8cm
【香り】微香

【分類】Cl F【開花サイクル】返り咲き【樹高・株張り】3.0m【別名】Meigronurisar【作出】Mailland,フランス,1991年【交配親】Gold Bunnyの枝変わり【うどんこ病・黒点病】普通・強い【樹勢】強い【その他】耐寒性、耐暑性

つる天津乙女
Amatsu-Otome, Climbing

寺西菊雄氏が交配してつくり出したHT種の天津乙女の枝変わり種。作出当時、世界的に認められた黄色の大輪バラとして一世を風靡し、現在でも愛好家のに愛され続けている。上品な花色と整形花といわれる花弁の先がとがった剣咲きで、気温や湿度で時々外花弁がピンクになる。2m以上のフェンス仕立てがおすすめ。

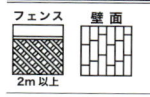

【花径】13cm
【香り】中香

【分類】Cl HT【開花サイクル】一季咲き【樹高・株張り】3.0m【交配親】天津乙女の枝変わり【うどんこ病・黒点病】普通・普通【樹勢】普通

つるバラ　中

つるピース
Peace, Climbing

多くの人に愛される一輪で愛でてもすばらしい人気の高いつるバラ。花は黄色にピンクの複色。一枝の花つきはあまり多くないが、大輪で一輪でも豪華なの花なのでインパクトがある。高めフェンス仕立てにすると、この花のよさが表現しやすい。

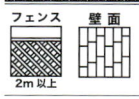

【花径】15cm
【香り】中香

【分類】Cl HT【開花サイクル】返り咲き【樹高・株張り】4.0m【作出】Brady,L.,アメリカ,1950年【交配親】Peaceの枝変わり【うどんこ病・黒点病】普通・普通【樹勢】強い【その他】耐寒性、耐暑性

ロサ・フェティダ・ペルシアーナ
Rosa foetida persiana

発色のよい鮮やかな黄色のつるバラ。細めの枝にも花をつけ、花首は短く連なるように咲く。しだれ桜のように仕立ててもおもしろいデザインになる。黄色いバラのルーツで、歴史的に重要な品種。

【花径】6.5cm 【香り】微香

【分類】Sp【開花サイクル】一季咲き【樹高・株張り】2.5m【別名】Persian Yellow, 金司香【作出】1838年以前【うどんこ病・黒点病】普通・弱い【樹勢】普通

パーペチュアリー・ユアーズ
Perpetually Yours

ロゼッタ咲きの白い花をたっぷりとした雰囲気で咲かせる。アーチとしても美しく、夏から秋まで咲き続けるのも魅力の品種。オベリスクやトレリスの仕立てに向く。

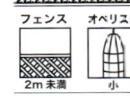

【花径】7cm 【香り】中香

【分類】LCl【開花サイクル】返り咲き【樹高・株張り】3.0m【別名】Canterbury, HARfable【作出】Harkness, イギリス, 1999年【うどんこ病・黒点病】強い・強い【樹勢】強い

スペクトラ
Spectra

鮮やかな黄色の花弁の縁にオレンジがかかるあでやかな花色の大輪で、明るいグリーンの葉がさらにその美しさを引き立てる。気温や日照時間の違いで花色が変化するのもおもしろい。フェンスやオベリスクの仕立てに向く品種。

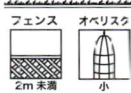

【花径】10m 【香り】中香

【分類】LCl【開花サイクル】四季～返り咲き【樹高・株張り】2.0m【別名】Meizalitaf【作出】Meilland, M., フランス, 1983年【交配親】(Kabuki × Peer Gynt) × (Zambra × Suspense)【うどんこ病・黒点病】普通・弱い【樹勢】普通【その他】耐暑性

つるプリンセス・ミチコ
Princess Michiko, Climbing

人気の高い明るいオレンジ色のつるバラ。返り咲き性が強く、夏〜秋までよく咲くタイプ。どこを切ってもよく返り咲くので、初心者でも咲かせやすいタイプのつるバラ。フェンスやアーチ仕立てに適している。

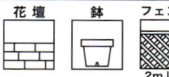

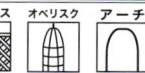

【花径】7cm
【香り】微香

【分類】Cl F【開花サイクル】返り咲き【樹高・株張り】3.0m【作出】京成バラ園, 日本, 1977年【交配親】Princess Michiko の枝変わり【うどんこ病・黒点病】弱い・弱い【樹勢】強い【その他】耐暑性

ウェスターランド
Westerland

花は鮮やかなオレンジイエローで少し波打って咲く丸弁平咲き。高さのあるフェンスに向いている品種。ただしとげは多いので要注意。

【花径】8cm
【香り】強香

【分類】S【開花サイクル】返り咲き【樹高・株張り】2.5m【別名】Korlawe【作出】Kordes,W., ドイツ, 1976年【交配親】Friedrich Wörlein × Circus【うどんこ病・黒点病】普通・強い【樹勢】強い【その他】耐暑性

つるミセス・サム・マグレディ
Mrs. Sam McGredy, Climbing

明るいオレンジで品のいい色合いの花が魅力。返り咲き性があり、秋にもちらちらと花が咲く。アーチ仕立てにするのもおすすめ。

【花径】10cm
【香り】強香

【分類】Cl HT【開花サイクル】弱い返り咲き【樹高・株張り】3.0m【作出】Buisman,G., オランダ, 1937年【交配親】Mrs. Sam McGredy の枝変わり【うどんこ病・黒点病】弱い・普通【樹勢】強い【その他】耐暑性

つるバラ 中

つるバラ 中

ふれ太鼓
Fure-Daiko

黄金に輝くようなとても鮮やかなオレンジの覆輪なので、ガーデンに見せ場をつくりたい時などにおすすめの品種。明るいライム系の下草と好相性。

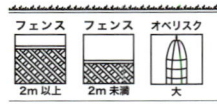

【花径】10cm
【香り】中香

【分類】LCl【開花サイクル】四季〜返り咲き【樹高・株張り】2.0m
【別名】Piñata【作出】鈴木省三, 京成バラ園芸, 日本, 1974年【交配親】[((Goldilocks x 不明) x Sarabande) x (Golden Giant x 不明)]【うどんこ病・黒点病】普通・普通【樹勢】普通【その他】耐暑性

サンセット・メモリー
Sunset Memory

淡いアプリコット色のかわいらしい雰囲気のバラ。小さな鉢の仕立てから、アーチくらいまでをまかなえる扱いやすく使い勝手のいいバラ。

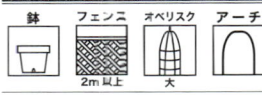

【花径】4.5cm
【香り】微香

【分類】F【開花サイクル】返り咲き【樹高・株張り】2.0m【作出】寺西菊雄, 2003・2008年【交配親】Sweet Memories の枝変わり【うどんこ病・黒点病】普通・普通【樹勢】普通【その他】耐暑性

アルヒミスト
Alchymist

黄色にオレンジがかかった独特の色合い。強健で3年経つと見事に伸び大ぶりのつるバラになる。自然な感じでほかの木にひっかける仕立てにすると、たれ下がった枝に花が咲き見応えがある。

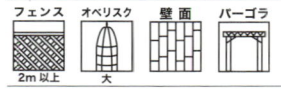

【花径】7cm
【香り】中香

【分類】S【開花サイクル】一季咲き【樹高・株張り】4.0m【作出】Kordes,R., ドイツ, 1956年【交配親】Golden Glow × *Rosa eglanteria* hybrid【うどんこ病・黒点病】普通・弱い【樹勢】強い

ソレイユ・ロマンティカ
Soleil Romantica

黄色から外側に向かってオレンジ色になる。カップ咲きで多花性なので、狭いところでもインパクトのある風景をつくれる。株元から枝が出やすいので、横に広げる仕立てに向く。

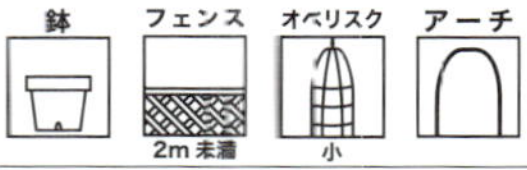

【花径】8cm
【香り】微香

【分類】Cl【開花サイクル】返り咲き【樹高・株張り】直立, 2.5×1.0m【作出】Meiland, フランス, 2010年【うどんこ病・黒点病】強い・強い【樹勢】強い【その他】耐暑性

ロイヤル・サンセット
Royal Sunset

オレンジの強いアプリコット色で、ウェーブがかかった花びらが華やかな雰囲気を醸し出す。とげは少なく誘引しやすいので、壁面やフェンス向きのタイプ。

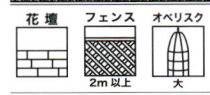

【花径】12cm
【香り】強香

【分類】LCl【開花サイクル】四季〜返り咲き【樹高・株張り】3.0m【作出】Morey,D., アメリカ,1960年【交配親】Sungold × Sutter's Gold【うどんこ病・黒点病】普通・弱い【樹勢】強い【その他】耐暑性

クラウン・プリンセス・マルガリータ
Crown Princess Margareta

デビッド・オースチン社より生まれた、見事によく返り咲くつるバラ。本社のあるイギリスのガーデンでは、アーチとして仕立てられている。癒されるフルーティーな香りが魅力。

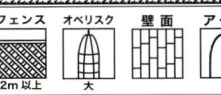

【花径】10cm
【香り】強香

【分類】S【開花サイクル】返り咲き【樹高・株張り】2.5m【別名】Auswinter【作出】Austin,D., イギリス,1999年【交配親】実生 × Abraham Darby【うどんこ病・黒点病】強い・普通【樹勢】強い【その他】耐寒性、耐暑性

サハラ'98
Sahara '98

見る人をハッとさせるような鮮やかな黄色にオレンジが入った複色。暖かな春を思わせるこの花色は、ガーデンのポイントに使うと効果的。周りの植栽は少し抑えめにし、このバラを引き立たせるのがおすすめ。フェンスやオベリスクに向く。

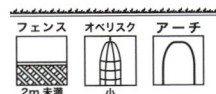

【花径】8cm
【香り】微香

【分類】S【開花サイクル】返り咲き【樹高・株張り】2.5m【別名】Tanarasah,Sahara【作出】Hans Jürgen Evers, ドイツ,1996年【うどんこ病・黒点病】強い・普通【樹勢】普通【その他】耐暑性

つるバラ 中

フィリス・バイド
Phyllis Bide

クリームにオレンジが入るかわいらしい小さな花で、房状に咲く。とげは細かく多めについている。花がらをこまめに切るとよく返り咲く。伸長力があり旺盛に生長するので、大きめの仕立てに向くつるバラ。

【花径】3.5cm
【香り】強香

【分類】Cl Pol【開花サイクル】返り咲き【樹高・株張り】3.5m【作出】Bide, イギリス ,1923年【交配親】Perle d'Or × Gloire de Dijon【うどんこ病・黒点病】普通・普通【樹勢】強い【その他】耐寒性、耐暑性

フォーチュンズ・ダブル・イエロー
Fortune's Double Yellow

絹のような質感で透明感があるクリームの地に、淡いオレンジの覆輪品種。自然な姿で咲く情景は、とても美しい。構造物にもたれかけさせるような仕立てもおすすめ。

【花径】8cm
【香り】微香

【分類】Misc GR【開花サイクル】一季咲き【樹高・株張り】3.0m【作出】Robert Fortuneが1845年に中国で発見【うどんこ病・黒点病】普通・強い【樹勢】強い【その他】耐寒性、耐暑性

バタースコッチ
Butterscotch

薄黄茶のような独特の花色が特徴的で目をひくバラ。レンガの壁面やしっくいの塀などと合わせると、よりアンティークなイメージを感じさせる。アーチ、オベリスク、フェンス、パーゴラなどさまざまなもので仕立てられる。黒点病には早めの対策を。

【花径】10cm
【香り】中香

【分類】LCl【開花サイクル】四季～返り咲き【樹高・株張り】2.5m【別名】Jactan【作出】Warriner,W., アメリカ ,1986年【交配親】(Buccaneer × Zorina) × Royal Sunset【うどんこ病・黒点病】普通・弱い【樹勢】強い【その他】耐暑性

つるジュリア・ローズ（つるジュリア）
Julia's Rose, Climbing

木立ちタイプは、切花でも人気の品種。ガーデンで咲かせても神秘的な茶系の花色が見る人をひきつける。ボリュームのある咲き方で、花持ちもいい。大型のパーゴラやテラスの上にかけるように誘引すると立体的な庭に。樹勢が出てくると秋も咲くようになる。

【花径】11cm
【香り】中香

【分類】Cl HT【開花サイクル】弱い返り咲き【樹高・株張り】4.0m【作出】St.Kilda Roses, オーストラリア, 1994年【交配親】Juliaの枝変わり【うどんこ病・黒点病】弱い・弱い【樹勢】強い

つるバラ　中

モーヴァン・ヒル
Malvern Hills

ノアゼット系の樹形に似た、大きくなるタイプのイングリッシュローズ。傘のように広がって弧を描きながら咲き続ける。円柱に束ねて3mくらい持ち上げて広げると、見事な花姿で立体的な景色を見せてくれる。広いスペースがないなら、フェンス仕立てにするのがおすすめ。

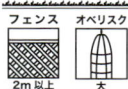

【花径】4cm
【香り】中香

【分類】LCl【開花サイクル】返り咲き【樹高・株張り】3.0m【別名】Auscanary【作出】Austin,D., イギリス, 2000年【交配親】実生×実生【うどんこ病・黒点病】強い・強い【樹勢】強い【その他】耐寒性、耐暑性

つるバラ 中

つるレディ・ヒリンドン
Lady Hillingdon, Climbing

アプリコットが入った淡い黄色のバラ。赤みの入った葉と枝に似合う花色で、落ち着いたイメージのガーデンを演出することができる。あまりきっちり誘引しないほうがしなやかな枝とその雰囲気をいかすことができ、美しく仕上げられる。

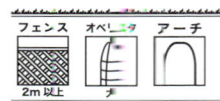

【花径】8cm
【香り】中香

【分類】Cl T【開花サイクル】返り咲き【樹高・株張り】3.0m【作出】Hicks E., イギリス, 1917年【交配親】Lady Hillingdon の枝変わり【うどんこ病・黒点病】弱い・普通【樹勢】強い

ウィリアム・モーリス
William Morris

アプリコットとピンクの中間の花色。大ぶりに広がるので、最低でも1mくらいの空間がほしい。花首が長めのタイプなのでゆったりと咲いているように見え、見事な花姿で、優雅な世界を演出できる。花壇の中心でオベリスクを使って高さ2.5mくらいにすると、このバラのよさが表現できる。

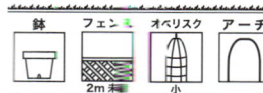

【花径】7cm
【香り】強香

【分類】S【開花サイクル】四季〜返り咲き【樹高・株張り】2.5m【別名】Auswill【作出】Austin,D., イギリス, 1998年【交配親】Abraham Darby × 実生【うどんこ病・黒点病】強い・普通【樹勢】普通【その他】耐寒性、耐暑性、半日陰可

つるフレンチ・レース
French Lace, Climbing

淡いベージュで白に近い花色だが、少しクラシカルな雰囲気をまとっていて、白とは一味違った印象のあるバラ。一輪で愛でたくなるほど整った花のかたちをしているので、切花としても楽しむことができる、花持ちのよさも魅力。

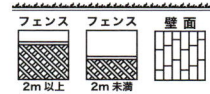

【花径】10cm
【香り】微香

【分類】Cl F【開花サイクル】四季咲き〜返り咲き【樹高・株張り】3.0m【作出】京成バラ園, 日本, 2011年【交配親】French Lace の枝変わり【うどんこ病・黒点病】普通・普通【樹勢】普通

つるバラ　中

アロハ
Aloha

花は黄色味混じりのピンク。花持ちがよく、強い芳香があり、葉は照り葉で鮮やかな緑色。シュートの先にもつぼみがつき、四季咲きが強い品種。仕立てには低めのフェンスが向く。

【花径】10cm
【香り】強香

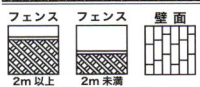

【分類】Cl HT【開花サイクル】四季〜返り咲き【樹高・株張り】2.5m【作出】Eugene S."Gene"Boerner, アメリカ, 1949年【交配親】Mercedes Gallart × New Dawn【うどんこ病・黒点病】普通・強い【樹勢】強い【その他】耐寒性、耐暑性

つるデンティ・ベス
Dainty Bess, Climbing

一重のグレーがかったピンクでしべが赤く、味わいのある花。面を埋めるというよりは自由に舞うように咲かせる。花首が長いので、きちっとした誘引だとまとまらない。大きな構造物に沿わせる仕立てがおすすめ。夏から秋まで咲き続ける。

【花径】10cm
【香り】中香

【分類】Cl HT【開花サイクル】返り咲き【樹高・株張り】4.0m【作出】Van Barneveld, 1935年【交配親】Dainty Bess の枝変わり【うどんこ病・黒点病】普通・普通【樹勢】普通

つるバラ 中

ヴァリエガタ・ディ・ボローニア
Variegata di Bologna

白地に赤の斑が不規則に入る、神秘的な花姿。白い部分の割合が多いので、やさしい雰囲気がある。葉は細長く少し波打っていて、全体的にやや淡い緑色。高温多湿になると花は灰カビ病が出て咲かないので長雨があたらない軒下などへの誘引をするようにする。

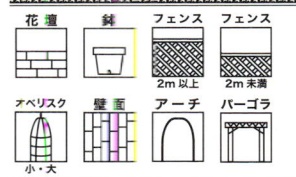

【花径】7cm
【香り】強香

【分類】B【開花サイクル】一季咲き【樹高・株張り】半横張り, 2.0 × 1.5m【作出】Massimiliano Lodi, イタリア, 1909年【交配親】実生 × Price of Reigate【うどんこ病・黒点病】弱い・普通【樹勢】強い【その他】耐寒性

ロココ
Rokoko

ベージュの入った明るいアプリコットで、品がよく美しい色合い。色の強いバラとはマッチしないので、白に近い色のものと合わせるのがおすすめ。強健で大きくなり、高さも幅も必要なので、広いスペースで大型の構造物に仕立てるようにする。花持ちのよさも魅力。

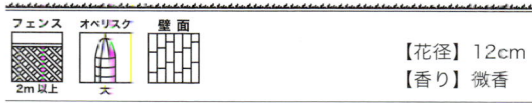

【花径】12cm
【香り】微香

【分類】S【開花サイクル】返り咲き【樹高・株張り】3.5m【別名】Tanokor【作出】TANTAU, ドイツ, 1987年【うどんこ病・黒点病】普通・普通【樹勢】強い【その他】耐寒性、耐暑性

ピエール・ドゥ・ロンサール
Pierre de Ronsard

クリームにピンクの覆輪でカップ咲の花は、ふんわりと甘くやさしい雰囲気で、葉は照り葉で健康的な印象。樹勢は強く、ある程度高さがある構造物ならなんでもきれいに仕立てられる。2006年に世界バラ会議で「世界中で愛されるバラ」として殿堂入りしたことからもわかるように、これからもずっと多くの人に愛され続けるつるバラだろう。

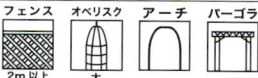

フェンス	オベリスク	アーチ	パーゴラ
2m以上	大		

【花径】7cm
【樹高】3m

【分類】LCl【開花サイクル】弱い返り咲き【樹高・株張り】3.0m【別名】Meiviolin, Eden Rose 85【作出】Meilland, M., フランス, 1985年【交配親】(Danse des Sylphes × Handel) × Pink Wonder, Climbing【うどんこ病・黒点病】強い・普通【樹勢】強い【その他】耐寒性、耐暑性

つるバラ 中

シンデレラ
Cinderella

やさしいピュアなイメージのピンクの花色で人気。枝は太めでとげが多く、健康的な照り葉。2～3年するとシュートがたくさん出てくるが、夏の剪定で枝を選んで切り落としすっきりさせておくと、秋の花つきがよくなる。アーチやフェンスに適した品種。

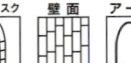

【花径】7cm
【香り】中香

【分類】S【開花サイクル】四季～返り咲き【樹高・株張り】2.5m【別名】Korfobalt【作出】KORDES．ドイツ，2003年【交配親】実生×Centenaire de Lourdes【うどんこ病・黒点病】とても強い・とても強い【樹勢】強い【その他】耐寒性、耐暑性

つるスヴニール・ドゥ・ラ・マルメゾン
Souvenir de la Malmaison,Climbing

淡い花色と薄い花弁でソフトなイメージのピンクバラ。雨にあたると花が開きにくくなるので、梅雨時に開花時期が重なる地域では選ばないほうが無難。香りは甘いダマスク香。

【花径】10cm
【香り】強香

【分類】Cl B【開花サイクル】返り咲き【樹高・株張り】3.0m【別名】Climbing Malmaison【作出】Charles Bennett，イギリス，1893年【交配親】Souvenir de la Malmaisonの枝変わり【うどんこ病・黒点病】弱い・普通【樹勢】普通

コンスタンス・スプライ
Constance Spry

イングリッシュローズ第一号。ディープカップでローズピンクの花色。作出当時、それまでにはない花姿に多くの人が魅了された。今でも花持ちのよさ、枝のしなやかさ、誘引しやすさで人気がある。アーチに映える。

【花径】12cm
【香り】濃厚な強香

【分類】S【開花サイクル】一季咲き【樹高・株張り】3.5m【別名】Ausfirst【作出】Austin,D.，イギリス，1961年【交配親】Belle Isis×Dainty Maid【うどんこ病・黒点病】普通・強い【樹勢】強い【その他】耐寒性、耐暑性

サー・ジョン・ミルズ
Sir John Mills

甘いイメージの花色で、あっさりとしたスパイシーな香りが特徴。地植えでは2mくらい伸びたシュートに花がつく。放射状に広がるので、オベリスクや自然樹形を楽しむのもおすすめ。

【花径】12cm
【香り】微香

【分類】LCl【開花サイクル】四季～返り咲き【樹高・株張り】半直立性，2.5×2.5m【別名】Beadaffy【作出】Amanda Beales，イギリス，2006年【交配親】Armada×Westerland【うどんこ病・黒点病】強い・強い【樹勢】強い【その他】耐寒性、耐暑性

アッシュ・ウェンズデイ
Ash Wednesday

グレイッシュでほのかなピンクの花色で、上品でシックなイメージを醸し出すバラ。落ち着いた雰囲気の建物に合わせたり、派手になりすぎないように庭をまとめたい場合に適している。そっと寄り添わせるようなさりげない仕立てでも、透明感のある花が風情を演出してくれる。シャビーシックなアイアンとの相性も抜群。耐寒性と耐陰性があり、生長すると耐病性も上がる。

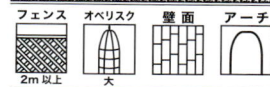

【花径】6cm
【香り】微香

【分類】LCl【開花サイクル】一季咲き【樹高・株張り】4.0m【別名】Aschermittwoch【作出】Kordes,R.,ドイツ,1955年【交配親】*Rosa eglanteria* hybrid × Ballet【うどんこ病・黒点病】弱い・弱い【樹勢】強い【その他】耐寒性

つるバラ　中

ヨーク・アンド・ランカスター
York and Lancaster

つぼみの時から美しく、咲くと白地に淡いピンクの斑が入る。花後は細長いペア型のローズヒップが実る。フェンスやアーチに向いている品種。

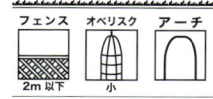

【花径】7cm
【香り】中香

【分類】D【開花サイクル】一季咲き【樹高・株張り】2.5m【別名】Calendrier Panaché【うどんこ病・黒点病】普通・普通【樹勢】普通【その他】耐寒性、耐暑性

ローゼンドルフ・シュパリースホープ
Rosendorf Sparrieshoop

花弁はウェーブした大ぶりのセミダブルで、ニュアンスのある花色。花持ちがよく半日陰でも育つ強健種。シュートは太く曲げづらいので、そのままの枝ぶりをいかしフェンスなど横張りの構造物に仕立てるのがおすすめ。

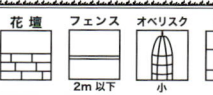

【花径】7cm
【香り】微香

【分類】S【開花サイクル】四季〜返り咲き【樹高・株張り】2.5m【別名】Kordibor【作出】KORDES,ドイツ,1988年【うどんこ病・黒点病】強い・強い【樹勢】強い【その他】耐寒性、耐暑性、半日陰可

つるバラ 中

ジャスミーナ
Jasmina

中心が濃く、外花弁になるほどピンク色が薄くなる。カップ咲きの花型が愛らしく房になって咲くのでとても豪華。葉は照り葉で耐病性がある品種。アーチにすると雰囲気のあるやさしいイメージのガーデンがつくれる。

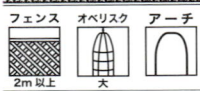

【花径】5〜7cm
【香り】中香

【分類】LCl【開花サイクル】弱い返り咲き【樹高・株張り】3.0〜4.0m【別名】Korcentex【作出】KORDES,ドイツ,2006年【交配親】実生× Centenaire de Lourdes【うどんこ病・黒点病】強い・とても強い【樹勢】強い【その他】耐寒性、耐暑性

つるマダム・カロリーヌ・テストゥ
Madame Caroline Testout,Climbing

花は明るいピンク色の八重咲きで、甘いダマスク香。シュートが伸びやすく、株元からぐんぐん出る。放射状に広げて壁面やフェンスに誘引すると見事な咲き姿になる。

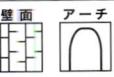

【花径】10cm
【香り】微香

【分類】Cl HT【開花サイクル】一季咲き【樹高・株張り】4.0m【作出】Prof. J.-B. Chauvry, フランス,1901年【交配親】Mme. Caroline Testout の枝変わり【うどんこ病・黒点病】普通・弱い【樹勢】強い【その他】耐寒性、耐暑性

玉蔓
Tamakazura

「愛らしいつるバラ」という表現がぴったりのころんとしたピンクの花。とげは少なく枝は曲げやすい。フェンスやオベリスク、アーチなど、かたちを問わず仕立てられる、使い勝手のいい品種。色違いのポリアンサローズのマザーズデイで、足元を覆うという組み合わせをしてもおもしろい。

【花径】3cm
【香り】微香

【分類】Cl Pol【開花サイクル】返り咲き【樹高・株張り】3.0m【作出】河合伸志,日本,2015年【交配親】Shugyoku の枝変わり【うどんこ病・黒点病】弱い・強い【樹勢】強い【その他】耐寒性、耐暑性

レーヌ・ヴィクトリア
Reine Victoria

少し紫が入ったピンクのカップ咲きで、甘くてよい香りがする。見かけや性質はルイーズ・オディエに似ている。枝が曲げやすいので、横に広げる壁面に誘引してもきれいに仕立てられ、イメージしたガーデンデザインに近づけやすい品種。ただし、黒点病には注意が必要。

【花径】8cm
【香り】強香

【分類】B【開花サイクル】返り咲き【樹高・株張り】直立 ,1.8 × 1.0m 【別名】La Reine Victoria【作出】Schwartz, J., フランス ,1872年【うどんこ病・黒点病】普通・弱い【樹勢】普通

つるバラ　中

ロサ・ダマスケナ
Rosa damascena

ライトピンクで平咲き。ダマスクオイルを採取するための品種として用いられていることでも有名な品種。大きく育つと3mくらいの株になるので、伸びてきた段階でどのように仕立てるか、かたちを決めておいたほうがよい。とげは枝に大小みっちりついている。

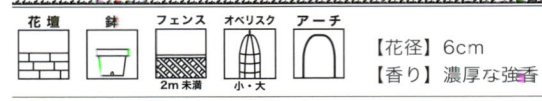

【花径】6cm
【香り】濃厚な強香

【分類】D【開花サイクル】一季咲き【樹高・株張り】半直立 2.0×1.5m【別名】R.calendarum, Summer Damask【作出】1560年以前【うどんこ病・黒点病】普通・普通【樹勢】強い その他】耐寒性、耐暑性

羽衣 (はごろも)
Hagoromo

「羽衣」の名にふさわしく、天女のようなやさしいイメージの淡いピンク。花姿は品よく、甘い香りに癒される。返り咲き性が強く、耐病性もある強健種。アーチやパーゴラに向きの品種。

【花径】10cm
【香り】中香

【分類】LCl【開花サイクル】四季〜返り咲き【樹高・株張り】2.5m【作出】鈴木省三，日本,1970年【交配親】(Aztec×実生)×(New Dawn×実生)【うどんこ病・黒点病】普通・黒点【樹勢】強い【その他】耐寒性、耐暑性

つるポンポン・ドゥ・パリ
Pompon de Paris, Climbing

花はライトピンクの小輪。2m以上のフェンスでもいいが、花首が短く枝に花が連なっているように咲くので、コンパクトに仕上げたい小型の仕立てに向く。返り咲き性がある。

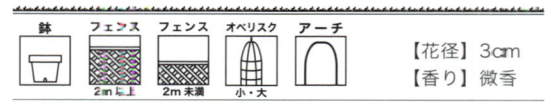

【花径】3cm
【香り】微香

【分類】Cl Ch【開花サイクル】一季咲き【樹高・株張り】2.0m【作出】1839年ごろ【交配親】Pompon de Parisの枝変わり【うどんこ病・黒点病】弱い・普通【樹勢】強い【その他】耐暑性

つるバラ 中

ルッセリアーナ
Russelliana

濃い紫とローズピンクのグラデーションが入った花。一株でいろいろな表情の花色が楽しめる樹になるのが魅力。枝はしなりやすく誘引しやすいが、太くなりすぎることがあるので、その場合は一度切って細めの枝を出し直すようにする。

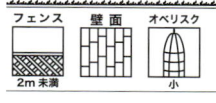

【花径】8cm
【香り】中香

【分類】HMult【開花サイクル】一季咲き【樹高・株張り】4.0m【別名】Russell's Cottage【作出】1826年以前【うどんこ病・黒点病】普通・弱い【樹勢】強い【その他】耐寒性、耐暑性

つるバラ　中

ピンク・サマー・スノー
Pink Summer Snow

つるサマー・スノーの枝変わりで、淡いピンク色。とげはなく、多花性で一輪ごとの色合いの濃さが微妙に異なり、咲き誇る幻想的な表情がすばらしい。花色以外は、つるサマー・スノーの特徴と基本的に同じ。

【花径】5cm
【香り】微香

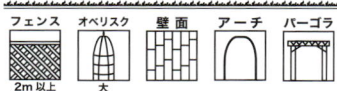

【分類】Cl F【開花サイクル】一季咲き【樹高・株張り】2.5m【交配親】Summer Snowの枝変わり【うどんこ病・黒点病】弱い・強い【樹勢】強い【その他】耐寒性、耐暑性

アメリカン・ピラー
American Pillar

中心はクリームに近い白でまわりは明るめのローズピンク。庭の見せ場に誘引すると、本来の姿を堪能できる。柱をつたいロープに誘引するガーランド仕立てもおすすめ。秋になると黄色に紅葉し、実をつける。とげは多め。

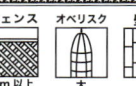

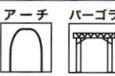

【花径】3.5cm
【香り】強香

【分類】HWich【開花サイクル】一季咲き【樹高・株張り】4.5m【作出】Van Fleet, アメリカ,1908年【交配親】(R.luciae × R.setigera) × red Hybrid Perpetual【うどんこ病・黒点病】普通・強い【樹勢】強い【その他】耐寒性、耐暑性、半日陰可

つるダブル・デライト
Double Delight,Climbing

クリームに赤に近いピンクの覆輪花。木立ちのダブル・デライトもボリューム感があるが、つるの同種にはかなわない。フルーティーな香りも魅力。大型のフェンスやオベリスクで仕立てると見応えがある。

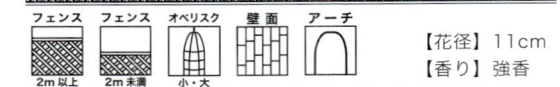

【花径】11cm
【香り】強香

【分類】Cl HT【開花サイクル】一季咲き【樹高・株張り】3.0×3.0m
【別名】AROclidd, Grimpant Double Delight【作出】Jack E. Christensen.,アメリカ,1982年【交配親】Granada × Garden Party【うどんこ病・黒点病】弱い・普通【樹勢】普通

つる聖火
Seika,Climbing

花色は白に近いクリームに、ローズピンクのあでやかな覆輪が入る。花つきが多いわけではないが、かえって一輪いちりんを強調されて、ゴージャスな咲き姿に見える。東京オリンピックにちなんでつけられた名前。

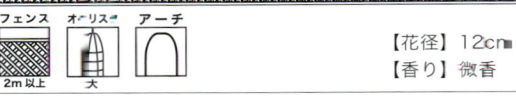

【花径】12cm
【香り】微香

【分類】Cl HT【開花サイクル】四季〜返り咲き【樹高・株張り】3.5m【作出】京成バラ園芸,日本,1985年【交配親】Seikaの枝変わり【うどんこ病・黒点病】弱い・弱い【樹勢】普通【その他】耐寒性可

パレード
Parade

ローズピンクのカップ咲きで、青りんごのようなすっきりした香りを放つバラ。下を向いて咲くので大型のアーチやパーゴラ、フェンスの仕立てに向く。

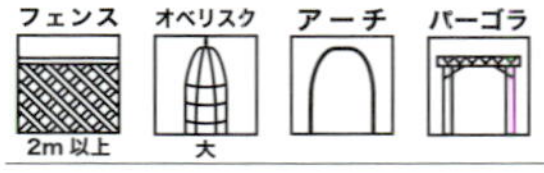

【花径】8cm
【香り】中香

【分類】LCl【開花サイクル】返り咲き【樹高・株張り】3.0m【作出】Boerner,E.,アメリカ,1953年【交配親】(New Dawn ×不明種) × World's Fair,Climbing【うどんこ病・黒点病】普通・強い【樹勢】強い【その他】耐寒性、耐暑性

サー・ポール・スミス
Sir Paul Smith

マットなルージュのような、かわいくなりすぎない妖艶なピンクは、イギリスの服飾デザイナー、ポール・スミスのデザイナーとしてのポリシーの表れかも知れない。彼が妻のために贈ったバラ。アーチ向きの品種。

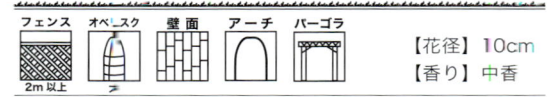

【花径】10cm
【香り】中香

【分類】LCl【開花サイクル】弱い返り咲き【樹高・株張り】3.0m【別名】Beapaul【作出】Beales,A.,イギリス,2006年【交配親】Louise Odier × Alcha【うどんこ病・黒点病】普通・強い【樹勢】強い【その他】耐寒性、耐暑性

つるうらら
Urara, Climbing

花は中輪で、はっきりとしたローズピンク色。よく返り咲き、花弁が少なめで雨に強い。中型の仕立てに向き、ベランダなどスペースが限られているところでも育てやすい。

【花径】8cm
【香り】中香

【分類】Cl F【開花サイクル】返り咲き【樹高・株張り】3.0m【別名】Keituurapi【作出】日本,2013年【交配親】Urara の枝変わり【うどんこ病・黒点病】普通・強い【樹勢】普通【その他】耐寒性、耐暑性

ルージュ・ピエール・ドゥ・ロンサール
Rouge Pierre de Ronsard

マゼンタレッドのカップ咲きで、よく返り咲き、3～5輪の房状になる。シュートは太めで、壁面やフェンス仕立て向き。ピンクのピエール・ドゥ・ロンサールや白のブラン・ピエール・ドゥ・ロンサールとの組み合わせがおすすめ。

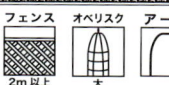

【花径】10cm
【香り】強香

【分類】LCl【開花サイクル】四季～返り咲き【樹高・株張り】2.0m【別名】Meidrason,Eric Tabarly【作出】Meilland,A.,フランス,2002年【交配親】Cappa Magna の実生× Ulmer münster【うどんこ病・黒点病】強い・普通【樹勢】強い【その他】耐寒性、耐暑性

つるバラ　中

ブルー・マジャンタ
Bleu Magenta

花は濃い紫、中心のしべは黄色で房状に咲く。ライトグリーンの葉と花色がマッチしていて、美しいコンビネーションが楽しめる。とげは少なめでよく伸びるので、壁面やアーチ、オベリスクなど大きめなものならかたちを選ばず上手に仕立てられる。

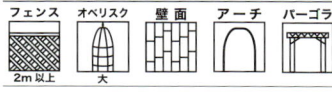

【花径】3cm
【香り】中香

【分類】HMult【開花サイクル】一季咲き【樹高・株張り】3.0m【別名】Bleu Violette【作出】Van Houtte,ベルギー,1900年(推定)【交配親】Turner's Crimson Rambler ×不明種(推定)【うどんこ病・黒点病】弱い・普通【樹勢】強い【その他】耐寒性、耐暑性

つるバラ 中

バロン・ジロー・ドゥ・ラン
Baron Girod de l'Ain

黒みがかった深いローズに白い一糸をまとう姿が特徴的。樹勢は強くよく伸びる性質があるので、春先のうどんこ病に注意する。アーチやフェンスに仕立てれば、とても美しく咲き誇る。枝は、常に新しいものに更新していくほうがよい。

【花径】8cm
【香り】濃厚な強香

【分類】HP【開花サイクル】弱い返り咲き【樹高・株張り】2.0m【作出】Reverchon, フランス ,1897年【交配親】Eugène Fürstの枝変わり【うどんこ病・黒点病】弱い・普通【樹勢】強い

スヴニール・デュ・ドクトゥール・ジャマン
Souvenir du Docteur Jamain

つるバラの中でも不動の人気種。シックなダーク系ローズのクォータロゼット咲きで、花径が短く、長い枝にも下から花がつく。特に2m前後の仕立てに向く品種で、アーチやトレリス、オベリスクなどどんな仕立てにも対応でき、使い勝手がいい。

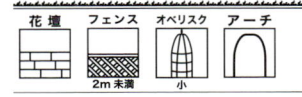

【花径】7cm
【香り】濃厚な強香

【分類】HP【開花サイクル】弱い返り咲き【樹高・株張り】2.0m【作出】Lacharme,F., フランス ,1865 年【交配親】Charles Lefèbvre × 不明種 (異説あり)【うどんこ病・黒点病】弱い・弱い【樹勢】普通【その他】耐寒性、耐暑性

つるバラ　中

ロサ・ガリカ・オフィキナリス
Rosa gallica var.officinalis

自然樹形にするとまとまって美しい。オールドローズを代表する品種で、古代ローマ時代には薬用に使われていた。美しいローズ色の花弁は、観賞するだけでなく、ローズウォーターやジャムなどにも利用されている。

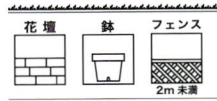

【花径】8cm
【香り】中香

【分類】Sp【開花サイクル】一季咲き【樹高・株張り】半横張り ,1.2 × 1.0m【別名】R.gallica var.officinalis, Apothecary's Rose, Red Rose of Lancaster【作出】1160 年以前【うどんこ病・黒点病】普通・強い【樹勢】強い【その他】耐寒性、耐暑性

キング
King

ピンクからローズピンクの花色で環境によって差が出る。とげは少なく扱いやすい。枝は曲げやすいので、オベリスクやトレリスに最適。春のうどんこ病に注意。

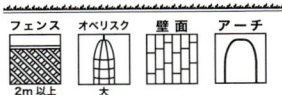

【花径】3cm
【香り】微香

【分類】HWich【開花サイクル】一季咲き【樹高・株張り】3.0m【別名】King Rose【うどんこ病・黒点病】弱い・強い【樹勢】とても強い【その他】耐寒性、耐暑性

アンクル・ウォルター
Uncle Walter

「真赤なつるバラ」の代表格といえる品種。明るいグリーンの葉とのコントラストも美しく見栄えもいい。赤いバラでアーチをつくりたいなら、アンクル・ウォルターがおすすめ。少し落ち着いた雰囲気のアーチに仕上がる。

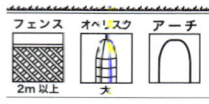

【花径】10cm
【香り】微香

【分類】HT【開花サイクル】四季〜返り咲き【樹高・株張り】4m【別名】Macon【作出】McGredy,Sam IV,イギリス,1963年【交配親】Detroiter × Heidelberg【うどんこ病・黒点病】普通・普通【樹勢】強い【その他】耐寒性

アルティッシモ
Altissimo

一重咲きの大輪花で、大ぶりに花がつく様は赤い蝶が舞っているよう。花弁が少ない分、雨に強く、くり返しよく咲く。大型のアーチやフェンス向きで、和庭の竹でつくった垣根にもマッチする。樹木と合わせて植えるとハナミズキのような雰囲気が楽しめる。株元の手前には赤葉の宿根草ペンステモンなどを組み合わせると赤でまとめた美しいコーナーができる。

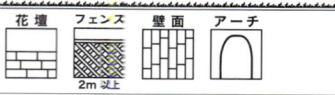

【花径】10cm
【香り】微香

【分類】Cl【開花サイクル】四季咲き【樹高・株張り】2.5m【別名】Delmur【作出】Chabert & DELBARD,フランス,1966年【交配親】Ténor ×実生【うどんこ病・黒点病】普通・普通【樹勢】強い【その他】耐寒性、耐暑性

テラコッタ
Terracotta

マットな質感で落ち着いたコーヒーのような色が魅力。仕立て方次第でスタイリッシュな庭にすることもできる。伸長力はやや弱めで、プランターや狭小スペースでも使える。トレリス仕立てに向く。

【花径】8cm
【香り】微香

【分類】HT, S【開花サイクル】四季咲き〜返り咲き【樹高・株張り】2.0m【作出】Nola M.Simpson, ニュージーランド,2001年【交配親】Princesse × Hot Chocolate【うどんこ病・黒点病】普通・普通【樹勢】普通

つるチャールストン
Charleston,Climbing

花は咲き進むと、黄色からオレンジ、赤へと表情を変える。全体を見渡すといろいろな色が鑑賞できておもしろい。中輪の多花性種。

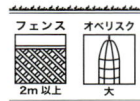

【花径】7cm
【香り】微香

【分類】Cl F【開花サイクル】一季咲き【樹高・株張り】3.0m【作出】京成バラ園, 日本,1978年【交配親】Charlestonの枝変わり【うどんこ病・黒点病】弱い・弱い【樹勢】普通【その他】耐寒性、耐暑性

フロレンティーナ
Florentina

濃い赤の丸弁カップ咲きで、アーチに仕立てるととても美しい姿になる。退色もなく安定した色が続く、育てやすいつるバラ。枝をまっすぐ伸ばす仕立てにしても、株元から花が咲く。特にオベリスクに向くタイプの品種。

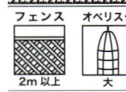

【花径】10cm
【香り】微香

【分類】LCl【開花サイクル】返り咲き【樹高・株張り】2.5m【別名】Kortrameilo【作出】KORDES, ドイツ,2011年【うどんこ病・黒点病】とても強い・とても強い【樹勢】強い【その他】耐寒性、耐暑性

つるバラ　中

つるバラ 中

ダブリン・ベイ
Dublin Bay

退色しないマットな赤で、平咲きの中大輪花。赤一色のアーチをつくりたい時におすすめの品種。花持ちがいいので鑑賞できる期間が長いのも魅力。終わった花から切り戻せば、すぐに次の花が咲く優秀なつるバラ。

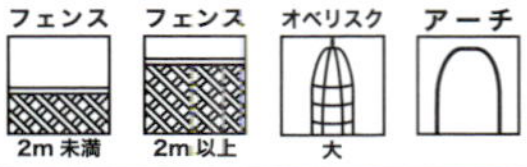

| フェンス 2m未満 | フェンス 2m以上 | オベリスク 大 | アーチ |

【花径】10cm
【香り】中香

【分類】Cl【開花サイクル】四季〜返り咲き【別名】Macdub【樹高・株張り】3.0m【作出】McGredy IV, ニュージーランド ,1976年【交配親】Bantry Bay × Altissimo【うどんこ病・黒点病】普通・普通【樹勢】強い【その他】耐寒性、耐暑性

つるサラバンドゥ
Sarabande,Climbing

花ははっきりとしたマットなオレンジの一重で、花つき、花持ちともによい房咲き多花性で、春になると見事な花をたくさん咲かせる。。枝は硬く大きなフェンスに向くつるバラ。

| フェンス 2m未満 | フェンス 2m以上 | 壁面 |

【花径】7cm
【香り】微香

【分類】Cl F【開花サイクル】一季咲き【樹高・株張り】3.0m【別名】Meihandser【作出】Meilland International , フランス ,1968年【交配親】Sarabandeの枝変わり【うどんこ病・黒点病】普通・普通【樹勢】強い【その他】耐寒性、耐暑性

クリムゾン・スカイ
Crimson Sky

明るく鮮やかな朱色の花で、ほのかなティー系の香りがする。あまり花弁は多くなく、花持ちがいい。特に巻くような誘引にしなくても、段違いに剪定しておけばきれいにまとまったオベリスクやトレリス仕立てになる。夏〜秋にかけても咲く。

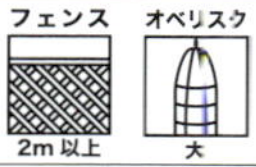

| フェンス 2m以上 | オベリスク 大 |

【花径】10cm
【香り】微香

【分類】LCl【開花サイクル】四季〜返り咲き【樹高・株張り】2.5m【別名】Meigrapoo【作出】Meilland,A., フランス ,2007年【交配親】Cappa Magna × Ulmer Münster【うどんこ病・黒点病】強い・普通【樹勢】強い【その他】耐寒性、耐暑性

ウルマー・ミュンスター
Ulmer münster

目にも鮮やかな赤バラで見応えのある咲き姿が魅力。仕立ては、巻きつけるものよりもフェンスのように平面の構造物と相性がいい。花持ちがよく長く楽しめる品種で、雨にも強い。花が下向きに咲くので、高い場所へ誘引すると、このバラの表情がよくわかる。

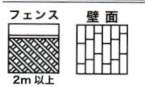

【花径】7cm
【香り】微香

【分類】S【開花サイクル】四季〜返り咲き【樹高・株張り】3.0m【別名】Kortello【作出】Kordes,R., ドイツ,1982年【交配親】Sympathie × 実生【うどんこ病・黒点病】普通・普通【樹勢】普通【その他】耐寒性、耐暑性

つるバラ 中

つるパパ・メイアン
Papa Meilland,Climbing

ダマスクの甘い香りで多くの人から好かれる黒バラの代表格。木立ちのパパメイアンは殿堂入りしたバラとして有名だが、つるバラの同種も枝が常に更新される環境ならよく咲く。大輪黒いバラのフェンス仕立ては豪華で迫力満点。

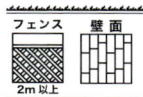

【花径】13cm
【香り】強香

【分類】Cl HT【開花サイクル】返り咲き【樹高・株張り】3.0m【別名】Grimpant Papa Meilland, Meisarsar【作出】Stratford,1971年【交配親】Papa Meillandの枝変わり【うどんこ病・黒点病】弱い・普通【樹勢】普通

123

つるバラ　中

レイニー・ブルー
Rainy Blue

美しい藤色のロゼッタ咲き。枝はあまり太くならないので誘引しやすい。四季咲き性が強いので、鉢植えで小ぶりのトレリスやオベリスクの仕立てにして、いつも目に入る場所にアイキャッチ的に置くのもおすすめ。白やクリーム色の花とも合わせやすい。

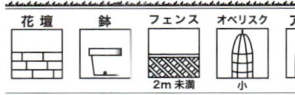

【花径】7cm　【香り】微香

【分類】S【開花サイクル】四季〜返り咲き【樹高・株張り】2.5m【作出】Evers,C.TANTAU,ドイツ,2012年【交配親】Ilseta × Old Port【うどんこ病・黒点病】強い・強い【樹勢】普通【その他】耐寒性、耐暑性

ノヴァーリス
Novalis

半直立性なので、トレリスやオベリスク向き。フロリバンダ種だが、暖地ではよく枝を伸ばす。日本の暖地では、つる性でなくても仕立てに適した品種が多くある。

【花径】10cm　【香り】強香

【分類】F【開花サイクル】四季咲き【樹高・株張り】半直立,1.5×0.8m【別名】Poseidon【作出】KORDES,ドイツ,2010年【交配親】(実生× Blue Bajou)×(Coppélia 76 × Big Purple)【うどんこ病・黒点病】普通・強い【樹勢】強い【その他】耐暑性

つるブルー・バユー
Blue Bajou,Climbing

澄んだ淡い紫色で、青みがかって見えることもある上品な色合いが魅力。明るい緑色の照り葉が、花を引き立てさわやかな印象を与える。とげは少なく、枝は半直立に伸びる。

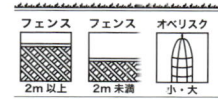

【花径】8cm　【香り】微香

【分類】Cl F【開花サイクル】返り咲き【樹高・株張り】2.0m【別名】ケイプブーバ【作出】市橋 久直,日本,1998年【交配親】Blue Bajouの枝変わり【うどんこ病・黒点病】普通・弱い【樹勢】普通

雪あかり
Yukiakari

夢乙女の花色が白になった枝変わり種。花のかたちや咲き姿が同じなので、夢乙女と一緒に誘引すれば、統一感のある美しい植栽になる。4m以上の大型のものでなければ、フェンス、オベリスク、壁面、アーチなど、どんな仕立てにも対応できる優れた品種。寒冷地では返り咲く。

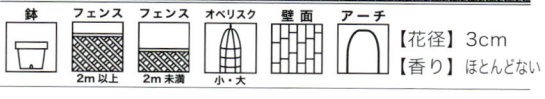

【花径】3cm
【香り】ほとんどない

【分類】Cl Min【開花サイクル】弱い返り咲き【樹高・株張り】2.0m【作出】コマツガーデン, 日本 ,2002 年【交配親】夢乙女の枝変わり【うどんこ病・黒点病】強い・強い【樹勢】強い【その他】耐寒性、耐暑性、半日陰可

つるバラ　小

つるサマー・スノー
Summer Snow, Climbing

花は白く、葉はライトグリーン。とげが少なく枝もしなやかなので扱いやすく、アーチやフェンスに向く。株が育つと返り咲く。枝変わりでピンクもある。

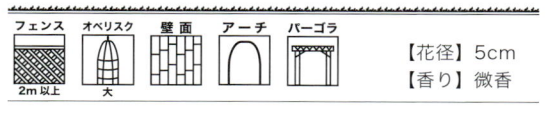

【花径】5cm
【香り】微香

【分類】Cl F【開花サイクル】一季咲き【樹高・株張り】3.0m【作出】Couteau, アメリカ ,1936 年【交配親】Tausendschön ×不明種【うどんこ病・黒点病】弱い・強い【樹勢】強い【その他】耐寒性、耐暑性

プロスペリティ
Prosperity

つぼみはピンクがかり、咲きだすと白に変わる。赤みを帯びた枝と葉のコントラストが美しい。強健種で、半日陰でも2mくらい伸ばした株を植えれば充分育つ。四季咲きのつるバラとして優秀な品種。

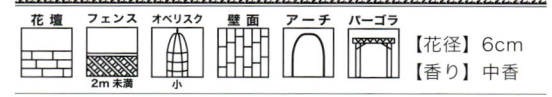

【花径】6cm
【香り】中香

【分類】HMsk【開花サイクル】四季〜返り咲き【樹高・株張り】1.8m【作出】Pemberton,J., イギリス ,1919 年【交配親】Marie-Jeanne × Perie des Jardins【うどんこ病・黒点病】弱い・強い【樹勢】強い【その他】耐寒性、耐暑性、半日陰可

ジャクリーヌ・デュ・プレ
Jacqueline du Pré

白い花弁に赤いしべが映え、四季咲き性で季節ごとのやさしい表情を見せてくれる魅力的なバラ。とげは細かく密にある。生長すると太めの枝が出て、横張りになる。香りはスパイス系の強香。イギリスの有名なチェロリスト、ジャクリーヌ・デュ・プレの名を冠したメモリアルローズ。

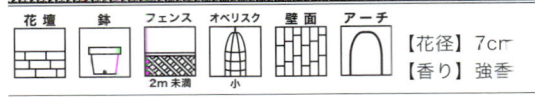

【花径】7cm
【香り】強香

【分類】S【開花サイクル】四季〜返り咲き【樹高・株張り】2.0m【別名】Harwanna【作出】HARKNESS、イギリス,1988年【交配親】Radox Bouquet × Maigold【うどんこ病・黒点病】普通・普通【樹勢】とても強い【その他】耐寒性

ペネロペ
Penelope

セミダブルの白い〜アプリコットの房咲きで、さまざまなタイプのバラやほかの植物とも合わせやすい品種。半日陰でも、3mくらいには生長する。枝は横張りに伸びるので、フェンス、トレリスへの誘引がおすすめ。花後すぐに切り戻し、次の開花を促したほうがよい。

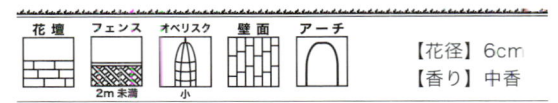

【花径】6cm
【香り】中香

【分類】HMsk【開花サイクル】返り咲き【樹高・株張り】2.0m【作出】Pemberton, J.、イギリス,1924年【交配親】Ophelia × William Allen Richardson(異説もある)【うどんこ病・黒点病】普通・普通【樹勢】普通【その他】耐寒性、耐暑性、半日陰可

バフ・ビューティ
Buff Beauty

くすんだクリームイエローのロゼッタ咲きで、枝の先端のほうに房状に花をつける。枝は比較的曲げやすいタイプ。大きめに育てたほうが花径が長くなったところに花がつくので、伸びやかに見えてこの花の美しさを堪能することができる。ベランダの軒やパーゴラでも楽しむこともできるのも魅力。

【花径】8cm
【香り】強香

【分類】HMsk【開花サイクル】返り咲き【樹高・株張り】2.0m【作出】Bentall,A.,イギリス,1939年【交配親】William Allen Richardson ×実生【うどんこ病・黒点病】普通・普通【樹勢】強い【その他】耐寒性、耐暑性

つるバラ 小

スイート・ドリーム
Sweet Dream

アプリコット色のかわいらしいカップ咲きの花が房状にたくさんつく。枝はとげが少なくつるっとしていて、誘引するのに扱いやすい太さ。1m前後の小さい仕立てにも向く。花後の剪定をこまめにくり返せば、秋までよく返り咲く。鉢で育てればベランダでも花を咲かせることができる。

【花径】4cm
【香り】微香

【分類】MinFl【開花サイクル】返り咲き【樹高・株張り】2.5m【別名】Flyminicot【作出】FRYERS NURSERY,イギリス,1988年【交配親】実生× ((Anytime × Liverpool Echo) × (New Penny ×実生))【うどんこ病・黒点病】強い・普通【樹勢】強い【その他】耐暑性

つるバラ 小

コーネリア
Cornelia

絶妙なアプリコットピンクの花色で人気。株いっぱいに花を咲かせ、花持ちがよく長く鑑賞できるタイプのバラ。さまざまな大きさ、かたちの構造物に仕立てることができる優れた品種。妖精をイメージさせるようなやさしい花姿と、力強いワイルドな枝ぶりが特徴的で、日本でも多くの公園に植えられている。

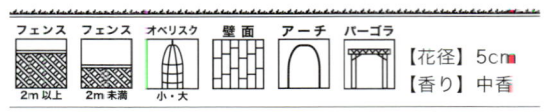

【花径】5cm　【香り】中香

【分類】HMsk【開花サイクル】四季〜返り咲き【樹高・株張り】2.0m【作出】Pemberton,J.,イギリス,1925年【うどんこ病・黒点病】普通・強い【樹勢】普通【その他】耐寒性、耐暑性

ピンク・プロスペリティ
Pink Prosperity

ムスクの香りを漂わせるやさしいソフトピンク色バラ。日なたでとてもよく伸びる品種。半日陰でも育てやすい強健種なので、光が確保しずらい場所でも生長してくれる。ただし、あまり小さな仕立てには向かない。

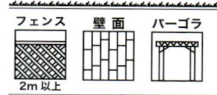

【花径】4cm
【香り】微香

【分類】HMsk【開花サイクル】返り咲き【樹高・株張り】4.0m【作出】Bentall, イギリス ,1931年【うどんこ病・黒点病】弱い・強い【樹勢】強い【その他】耐寒性、耐暑性

つるミミ・エデン
Mimi Eden, Climbing

クリームにピンクの覆輪の小花がキュートなイメージ。大輪との組み合わせてもマッチし、小さめの仕立てにも向く品種。うどんこ病にかかりやすいので早めの予防が必要。

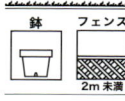

【花径】5cm
【香り】微香

【開花サイクル】返り咲き【樹高・株張り】3.0m【作出】Meilland,A., フランス ,2009年【うどんこ病・黒点病】弱い・普通【樹勢】普通

つるバラ　小

夢乙女(ゆめおとめ)
Yumeotome

花色はピンクから白へと退色していき、そのグラデーションがこの花の最大の魅力。リング状のアイアンに巻きつける仕立てがよく見られるが、なににも絡めず、芝生の上に自然に広がるように枝を伸ばしても美しい。一番花の後に切り戻すと、返り咲く。寒冷地では四季咲きのように返り咲く。枝変わりで白花の雪あかりがある。

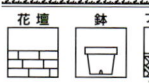

【花径】3cm
【香り】微香

【分類】Cl Min【開花サイクル】弱い返り咲き【樹高・株張り】2.0m【作出】徳増一久 , 日本 ,1989年【交配親】Miyaginoの枝変わり【うどんこ病・黒点病】強い・強い【樹勢】強い【その他】耐寒性、耐暑性

129

つるバラ 小

バレリーナ
Ballerina

一重の花が密に房状になって咲く。木立ち仕立てにすると、もっとも扱いやすいバラのひとつ。丈夫で、どこを切っても花を咲かせるので、はじめてつるバラに挑戦する人にもおすすめ。ただし、ダニには注意が必要。春から夏は葉を洗うように水をかけるようにするとよい。

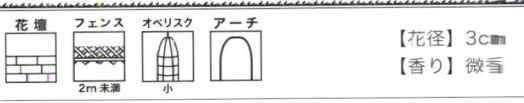

【花径】3cm
【香り】微香

【分類】HMsk【開花サイクル】四季〜返り咲き【樹高・株張り】2.0m【作出】Bentall, イギリス ,1937 年【うどんこ病・黒点病】普通・普通【樹勢】強い【その他】耐寒性

つるバラ 小

芽衣
Mei

夢乙女の枝変わり種。夢乙女に比べ、ひとまわり花が大きく色は濃いめ。4m以上の超大型の仕立てでなければ、アーチやオベリスクなどどんな仕立てにも対応できる使い勝手のよい品種。大輪の花と合わせやすいのも特長。寒冷地では返り咲く。

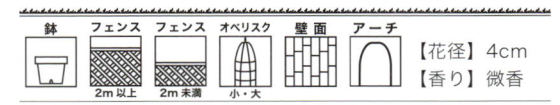

【花径】4cm
【香り】微香

【分類】Cl Min 【開花サイクル】弱い返り咲き 【樹高・株張り】2.5m 【作出】コマツガーデン, 日本, 2000年 【交配親】夢乙女の枝変わり 【うどんこ病・黒点病】強い・強い 【樹勢】強い 【その他】耐寒性、耐暑性、半日陰可

つるバラ 小

アンジェラ
Angela

中輪で花つきがよく、はっきりとしたピンクのカップ咲き。遠くから眺めても見栄えする。あまり伸長力はないが丈夫なバラで、年数をかければ3mくらいまで伸ばせる。ただしその場合は、株元からの多すぎるシュートは切ること。トレリスやオベリスクにも向く。

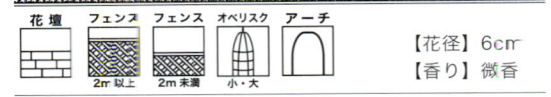

【花径】6cm
【香り】微香

【分類】F【開花サイクル】四季～返り咲き【樹高・株張り】3.0m
【別名】Korday【作出】Kordes,R., ドイツ,1984年【交配親】Yesterday × Peter Frankenfeld【うどんこ病・黒点病】強い・普通【樹勢】強い【その他】耐寒性、耐暑性、半日陰可

ラウプリッター
Raubritter

濃いめのピンクでカップ咲きの花が房状になって咲く。大変花持ちがいい品種。アーチやフェンス仕立てに向いているが、自然樹形をいかして下にたらすように誘引するとエレガントな咲き姿を楽しむことができるのでおすすめ。

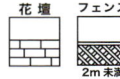

【花径】3cm
【香り】微香

【分類】S【開花サイクル】一季咲き【樹高・株張り】2.0m【作出】KordesⅡ,W.,ドイツ,1936年【交配親】Daisy Hill × Solarium【うどんこ病・黒点病】普通・普通【樹勢】弱い【その他】耐寒性

フェリシア
Felicia

花は、ふんわりとしたソフトピンクで、中心にいくほど濃い色になる。ほんのり香るムスクの甘い芳香も魅力。とても強健な品種で、3年育てるとかなり丈夫になり、よく返り咲くようになる。仕立ては特にフェンスや横幅のあるアーチに向く。

【花径】6cm
【香り】強香

【分類】HMsk【開花サイクル】四季咲き【樹高・株張り】2.0m【作出】Pemberton,J.,イギリス,1928年【交配親】Trier × Ophelia【うどんこ病・黒点病】普通・強い【樹勢】強い【その他】耐寒性、耐暑性、半日陰可

つるバラ 小

133

つるバラ 小

オリーブ
Olive

花弁は厚く、マットでありながら華やかな印象の赤バラ。春〜秋まで花つきよく咲き続ける。花首が長めなのでアーチには不向きで、フェンスや太めのオベリスクがおすすめ。大胆に太枝を伸ばし、広げたような姿に仕立てると、雄々しい姿になって美しい。

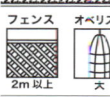

【花径】11cm
【香り】微香

【分類】S【開花サイクル】四季〜返り咲き【樹高・株張り】直立 3.0×1.5m【別名】Harpillar【作出】Harkness, イギリス ,1982年【交配親】(Vera Dalton × Highlight) × Dublin Bay【うどんこ病・黒点病】弱い・強い【樹勢】普通【その他】耐寒性、耐暑性

カクテル
Cocktail

世界中で愛されるバラで、2015年の世界バラ会議にて殿堂入りを果たした。長めに伸ばしてつるをいかした仕立てにするほか、木立としても楽しむことができる。春から秋まで常に花が咲き続けるので、ガーデンがさみしくならず、明るい景色をつくってくれる。

【花径】5cm
【香り】微香

【分類】S【開花サイクル】四季〜返り咲き【樹高・株張り】2.5m【別名】Meimick【作出】Meilland,F., フランス ,1958年【交配親】(Independence × Orange Triumph) × Phylis Bide【うどんこ病・黒点病】普通・普通【樹勢】強い【その他】耐寒性、耐暑性

ザ・ジェネラス・ガーデナー
The Generous Gardener

花弁がギャザーのようでおしゃれに見える花姿。ほんのりピンクがかる時もあり、その微妙な変化が美しい上品な雰囲気のバラ。枝は太めで、株元からのシュートの出もいいので、2～3mのフェンスに向く。枝は更新して切り替えたほうが花つきがよくなる。

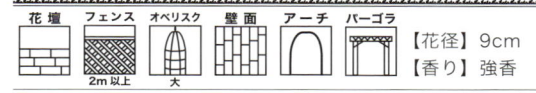

【花径】9cm
【香り】強香

【分類】S【開花サイクル】返り咲き【樹高・株張り】開張 ,2.0×2.0m
【別名】Ausdrawn【作出】Austin,D.,イギリス ,2002年【交配親】
Sharifa Asma ×実生【うどんこ病・黒点病】強い・強い【樹勢】
強い【その他】耐寒性、耐暑性

フランシス・E・レスター
Francis E. Lester

中心がクリームで外が淡いピンクの小輪一重咲き。枝は硬めで半直立になり、かなり伸びてから弧を描く。シュートが出たら方向を決めてくせづけするように仮誘引しておくと、冬の誘引作業を楽にできる。実は球状でびっしりと密につき、秋にはオレンジから濃赤へ変化する。

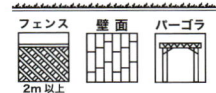

【花径】5cm
【香り】微香

【分類】HMsk【開花サイクル】一季咲き【樹高・株張り】5.0m【作出】
Lester Rose Gardens, アメリカ ,1946年【交配親】Kathleen
×不明【うどんこ病・黒点病】強い・強い【樹勢】強い【その他】
耐寒性、耐暑性、半日陰可

半つるバラ 大

サリー・ホルムズ
Sally Holmes

咲いてからも数日間花弁が落ちることのないほど花もちがいい。落ち着いた雰囲気もありつつ、さりげない華やかさもあるような咲き姿。強健で太めの枝がよく伸びる。グリーンの植物との相性もいい低木のつるバラで、もっと使ってみてほしい品種。

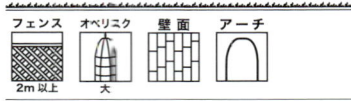

【花径】8cm
【香り】微香

【分類】S【開花サイクル】返り咲き【樹高・株張り】開張,1.2×1.2m【作出】Holmes,R.,イギリス,1976年【交配親】Ivory Fashion × Ballerina【うどんこ病・黒点病】普通・強い【樹勢】強い【その他】耐寒性、耐暑性、半日陰可

ブノワ・マジメル
Benoit Magimel

クリームを帯びた白バラで、少し抱え込むように咲く姿がエレガント。花首が長いので狭い通路にあるフェンスには不向き。壁面や広いフェンス、家のコーナーを覆うようにしても楽しめる。

【花径】10cm
【香り】中香

【分類】S【開花サイクル】四季～返り咲き【樹高・株張り】立ち性,2.0×1.0m【作出】岩下篤也,日本,2010年【交配親】Madame Antoine Mari×未公表【うどんこ病・黒点病】普通・強い【樹勢】強い【その他】耐寒性、耐暑性

クレパスキュール
Crépuscule

花はオレンジがかった少し強めのアプリコットの中輪で、赤い葉色によく映える。横張りだが自然樹形も美しいので、伸びのび咲かせるのに適しているタイプ。とげは少なく、枝は少し硬め。

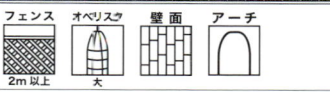

【花径】8cm
【香り】微香

【分類】N【開花サイクル】四季～返り咲き【樹高・株張り】開張,2.5×2.5m【作出】Dubreuil,フランス,1904年【うどんこ病・黒点病】弱い・普通【樹勢】強い【その他】耐寒性、耐暑性、半日陰可

半つるバラ 大

グラハム・トーマス
Graham Thomas

花は黄色のカップ咲き。剪定で高さや幅が調節できる扱いやすさも魅力。2006年の世界バラ会議で殿堂入り。5角型のバランスのいい花型は、見る人を幸せに導く力を持っているように感じる。日本で販売されてから数年経つが、いまだ人気は衰えず、これからも愛されて続けてゆくだろう。

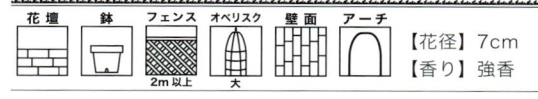

【花径】7cm 【香り】強香

【分類】S【開花サイクル】返り咲き【樹高・株張り】立ち性 ,1.4 × 1.0m【別名】Ausmas【作出】Austin,D., イギリス ,1983年【交配親】実生×(Charles Austin × (Iceberg ×不明種))【うどんこ病・黒点病】普通・普通【樹勢】普通【その他】耐寒性、耐暑性

ゴールデン・セレブレーション
Golden Celebration

濃いめの黄色でたっぷりとした花弁が重なり合い、ディープカップの花型がさらに美しさを強調する。葉色は明るいライトグリーンですっきりとした印象。フェンスやトレリス向き。ダークブラウンの枕木の柱にも合う。メインのバラとしてトレリスなどを使って誘引しても美しい。

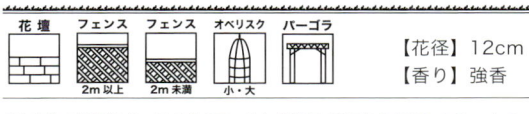

【花径】12cm 【香り】強香

【分類】S【開花サイクル】返り咲き【樹高・株張り】開張 ,1.3×1.2m【別名】Ausgold【作出】Austin,D., イギリス ,1992年【交配親】Charles Austin × Abraham Darby【うどんこ病・黒点病】強い・普通【樹勢】普通【その他】耐寒性

半つるバラ　大

レディ・オブ・シャーロット
Lady of Shalott

黄色味が入ったオレンジのカップ咲きが房になり、弧を描くように枝先で咲く。自然樹形をいかした仕立てが向いている品種。とげが多いので人通りのある場所は避けたほうがいい。白または黄色系のイングリッシュローズと組み合わせて植えるのがおすすめ。

【花径】8cm
【香り】中香

【分類】S【開花サイクル】四季〜返り咲き【樹高・株張り】立ち性,1.5×2.5m【別名】Ausnyson【作出】Austin,D.,イギリス,2009年【交配親】実生×実生【うどんこ病・黒点病】強い・強い【樹勢】強い【その他】耐寒性,耐暑性

ポート・サンライト
Port Sunlight

花はアプリコットのロゼッタ咲きで、3〜5輪の房になって枝先に咲く。半横張りで弧を描くように広がるので、低めのフェンスやトレリスに誘引するか、そのままの樹形をいかして自然な感じに伸びのびと咲かせるのがおすすめ。

【花径】8cm
【香り】中香

【分類】S【開花サイクル】四季〜返り咲き【樹高・株張り】開帳,1.3×1.3m【別名】Auslofty【作出】Austin,D.,イギリス,2008年【うどんこ病・黒点病】強い・普通【樹勢】普通【その他】耐寒性、耐暑性

半つるバラ 大

ジュード・ジ・オブスキュア
Jude the Obscure

花は明るいクリーム黄色でディープカップ咲き。フルーティな極上の芳香があり、イングリッシュローズの中でも香り高い品種として上位に挙げられる人気種。株元からベーサルシュートが出やすいので、全体を軽く剪定する程度にして、自然樹形の美しさを堪能してほしい。

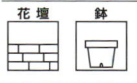

【花径】8cm
【香り】濃厚な強香

【分類】S【開花サイクル】四季〜返り咲き【樹高・株張り】開張,1.4×1.0m【別名】Ausjo【作出】Austin,D.,イギリス,1995年【交配親】Abraham Darby × Windrush【うどんこ病・黒点病】普通・普通【樹勢】普通【その他】耐寒性

エブリン
Evelyn

アプリコットの澄んだ花色がとても優美で、秋の花は少し濃いめになり美しさが増す。枝は放射状に伸び、返り咲き性がある。英国の香水メーカーの名に由来するだけあり、フルーティフローラのすばらしい香りがする。

【花径】10cm
【香り】強香

【分類】S【開花サイクル】返り咲き【樹高・株張り】立ち性,1.5×1.0m【別名】Aussaucer【作出】Austin,D.,イギリス,1991年【交配親】Graham Thomas × Tamora【うどんこ病・黒点病】普通・普通【樹勢】普通【その他】耐暑性

イングリッシュ・ヘリテージ
English Heritage

花はクリアなピンクのカップ咲き。花持ちはあまりよくないが、くり返し咲き続ける。花首が長いので、アーチよりもフェンスや大型のトレリス仕立てのほうが見応えがある。とても甘い香りがする。

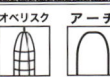

【花径】7cm
【香り】濃厚な強香

【分類】S【開花サイクル】四季〜返り咲き【樹高・株張り】開張,1.4×1.0m【別名】Heritage,Ausblush【作出】Austin,D.,イギリス,1984年【交配親】実生×(Iceberg×不明種)【うどんこ病・黒点病】普通・普通【樹勢】普通【その他】耐寒性、耐暑性

半つるバラ 大

クィーン・オブ・スウェーデン
Queen of Sweden

花はシルバーピンクのカップ咲きで、葉は丸く、枝はつるっとしている。段々になるように剪定しておくと下から花が咲く。縦に長く伸びるタイプの品種なので、幅の狭いスペースに向く。

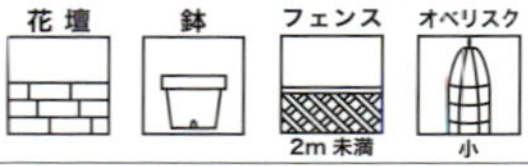

【花径】7cm
【香り】微香

【分類】S【開花サイクル】返り咲き【樹高・株張り】立ち性 ,1.4 × 0.8m【別名】Austiger【作出】Austin,D., イギリス ,2004 年【交配親】実生 × Charlotte Austin【うどんこ病・黒点病】強い・普通【樹勢】普通【その他】耐暑性

シュパリースホープ
Sparrieshoop

健康的で丈夫な品種。セミダブルの中大輪で花色は濃くなったり薄くなったりする。ななめ上に向かって放射状に枝を広げるが、先端には花をつける。大きな仕立てにしたい場合はつぼみのうちに剪定し、また枝を出して長くつなげるように伸ばす。

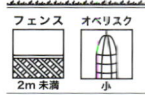

【花径】8cm
【香り】強香

【分類】S【開花サイクル】四季咲き【樹高・株張り】1.5 × 2.0m【作出】Reimer Kordes, ドイツ ,1953 年【交配親】(Poulsen's Pink × Siren) × (Johannes Boettner × R.rubiginosa magnifica)【うどんこ病・黒点病】強い・強い【樹勢】強い【その他】耐寒性、耐暑性、半日陰可

ナエマ
Nahéma

香りの女王。レモンとローズのすばらしい芳香があり魅了される。枝は太めで伸長力があり、すぐに高さがでる。花を咲かせたい時は、太めの枝を切っておく。名前は香水ブランド「ゲラン」の香水に由来する。

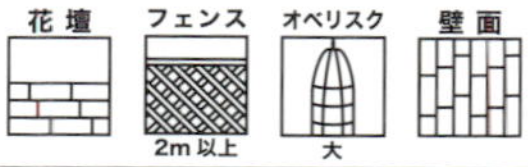

【花径】8cm
【香り】濃厚な強香

【分類】LCl【開花サイクル】返り咲き【樹高・株張り】立ち性 ,1.8 × 0.6m【別名】Deléri【作出】Delbard,G., フランス ,1998 年【交配親】Grand Siècle × English Heritage【うどんこ病・黒点病】強い・強い【樹勢】強い【その他】耐寒性、耐暑性

ビアンヴニュ
Bienvenue

切れ込みの入った花弁が重なり合う大輪で、咲く姿は見事。細い枝にも花がつく。枝はまっすぐ立ち上げても花は咲くので、段違いの誘引でよい。特にアーチにすると美しい。

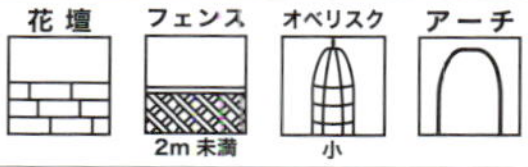

【花径】10cm
【香り】濃厚な強香

【分類】S【開花サイクル】四季〜返り咲き【樹高・株張り】立ち性 ,1.8 × 1.2m【別名】Delrochipar【作出】DELBARD, フランス ,2011 年【交配親】Clar Renaissance × Abraham Darby【うどんこ病・黒点病】強い・強い【樹勢】強い

半つるバラ 大

アブラハム・ダービー
Abraham Darby

アップリコットの濃淡にオレンジが混じった華やかな花色が特徴的。花弁が波打ち、咲き進むとピンクになる。イングリッシュローズの中で「もっとも華麗なバラ」と表現されているのもうなずける。太めのシュートが株元から出てきたらつぼみを摘んで伸ばしていくと、3mくらいの高さになる。壁面や大きめのトレリスなどに誘引するとフルーツのさわやかな香りに包まれたコーナーがつくれる。グラハム・トーマスやシャルロット・オースチンなど明るいクリームイエローのバラと好相性。

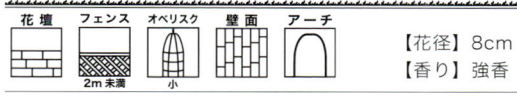

【花径】8cm
【香り】強香

【分類】S【開花サイクル】四季～返り咲き【樹高・株張り】開張 ,1.4×1.2m【別名】Auscot【作出】Thomas,G., イギリス ,1961年【交配親】Yellow Cushion × Aloha【うどんこ病・黒点病】普通・強い【樹勢】強い【その他】耐寒性、耐暑性

マダム・ピエール・オジェ
Madame Pierre Oger

白に近いピンクの花弁の縁に濃いピンクが色づき、ほんのりなじんで美しい姿を見せる。枝は細めで曲げやすいので、小さな仕立ても可能。返り咲き性はあるが、秋に咲く花は少なめ。

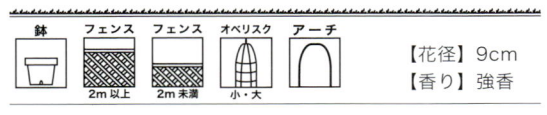

【花径】9cm
【香り】強香

【分類】B【開花サイクル】返り咲き【樹高・株張り】直立 ,1.8×1.0m【別名】Madame Pierrogers【作出】Pierre Oger, フランス ,1878年【交配親】Reine Victoria の枝変わり【うどんこ病・黒点病】普通・弱い【樹勢】普通【その他】耐寒性、耐暑性、半日陰可

シャンテ・ロゼ・ミサト
Chant Rosé Misato

つぼみの時は濃い紫がかったローズ色で、花が開くにつれてライラックピンクになり、ミルラ系の甘い香りが広がる。ほぼ直立に伸びるので、オベリスクやトレリスに仕立てやすい。段違いに剪定するくらいで充分。

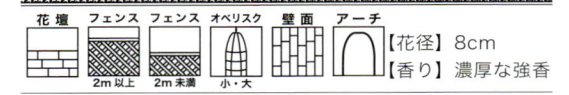

【花径】8cm
【香り】濃厚な強香

【分類】S【開花サイクル】四季～返り咲き【樹高・株張り】立ち性 ,1.5×1.0m【別名】Delamo【作出】DELBARD, フランス ,2007年【うどんこ病・黒点病】強い・強い【樹勢】強い【その他】耐寒性、耐暑性

半つるバラ　大

141

マダム・イザアック・ペレール
Madame Isaac Pereire

紫がかったピンクで落ち着いた雰囲気の花色。花首が短く枝に花が密着して咲くタイプのバラなので、花が間延びしないほうがきれいに見えるアーチやオベリスクなどの仕立てに適している。ダマスクの濃厚な香りも魅力。初夏からは黒点病に注意する。

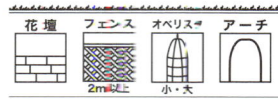

【花径】10cm 【香り】強香

【分類】B【開花サイクル】弱い返り咲き【樹高・株張り】立ち性, 2.0 × 1.5m【別名】Le Bienheureux de la Salle【作出】Garçor, フランス, 1881年【うどんこ病・黒点病】弱い・普通【樹勢】強い【その他】耐暑性

プレイリー・プリンセス
Prairie Princess

ピンクの中輪セミダブルの花に、黄色いしべが明るいイメージを添える。返り咲き性があり秋も咲くが、春の花後にそのまま放っておくと大きな丸いローズヒップがたわわに実る。ただし実をつけておくと、二番花以降の花数が減る。フェンスに向く品種。

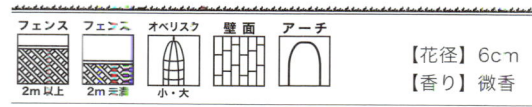

【花径】6cm 【香り】微香

【分類】S【開花サイクル】返り咲き【樹高・株張り】半直立, 1.8 × 1.8m【別名】RSM 44【作出】Dr. Griffith J. Buck, アメリカ, 1971年【交配親】Carrousel ×（Morning Star × Suzzanne)【うどんこ病・黒点病】強い・普通【樹勢】普通【その他】耐寒性、耐暑性

半つるバラ 大

ラ・ローズ・ドゥ・モリナール
La Rose de Molinard

花弁は厚くしっかりしていて花持ちがいい。フローラルなローズやスミレ、アイリスの香りに、フレッシュなグレープフルーツ、ライムの香りがミックスされた印象的な芳香。四季咲き性が強く、フェンスに向くバラ。

【花径】8cm
【香り】濃厚な強香

【分類】S【開花サイクル】四季咲き【樹高・株張り】開帳,1.5×1.2m【別名】Delgrarose【作出】DELBARD,フランス,2009年【うどんこ病・黒点病】とても強い・とても強い【樹勢】強い

ガートルード・ジェキル
Gertrude Jekyll

花色はマットなピンクで、派手すぎず、おとなしすぎもしない好まれやすい色。香りは濃厚なダマスク香でとてもよい香りがする。鉢植えでオベリスクやトレリス仕立てに向く。

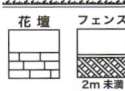

【花径】10cm
【香り】強香

【分類】S【開花サイクル】返り咲き【樹高・株張り】立ち性,1.8×1.4m【別名】Ausbord【作出】Austin,D.,イギリス,1986年【交配親】Wife of Bath × Comte de Chambord【うどんこ病・黒点病】普通・普通【樹勢】普通【その他】耐寒性、耐暑性

ギー・サヴォア
Guy Savoy

花弁は赤みの強いパープルにローズ色の斑が入る波状で、神秘的な雰囲気がある。シックで優雅なイメージのガーデンを演出するのにぴったりなバラ。壁面やオベリスクなどに向く。メインのバラとして花壇の奥に立体的に仕立てても美しく整う。

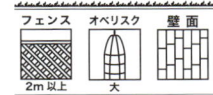

【花径】10cm
【香り】強香

【分類】S【開花サイクル】四季〜返り咲き【樹高・株張り】立ち性,1.8×1.2m【別名】Delstrimer【作出】DELBARD,フランス,2001年【うどんこ病・黒点病】強い・強い【樹勢】強い【その他】耐寒性、耐暑性

半つるバラ 大

アンダー・ザ・ローズ
Under the Rose

ダークローズの花色で、花弁は少なめのカップ咲き。花首が長く伸び、先端に花がつく。小ぶりの仕立てには向かず、壁に誘引するか、ポール仕立てがおすすめ。枝は古いものをいかすより、更新させるほうがよい。夏からはこまめに剪定すると秋まで咲き続ける。

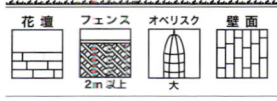

【花径】8cm
【香り】強香

【分類】S【開花サイクル】四季〜返り咲き【樹高・株張り】開張, 2〜3 × 2.5m【作出】岩下篤也, 日本, 2010年【交配親】Francis Dubreuil×未公表【うどんこ病・黒点病】弱い・普通【樹勢】強い

ニュー・イマジン
New Imagine

個性的な花色で、見る人を惹きつけるインパクトのあるバラ。短く剪定しても咲くので、トレリスやオベリスク仕立てでは、その大きさに合わせて枝を整え、添わせるように誘引するだけできれいに咲く。

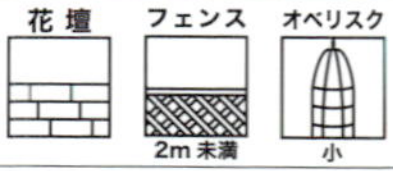

【花径】6cm
【香り】中香

【分類】HT(S)【開花サイクル】四季〜返り咲き【樹高・株張り】開帳, 1.5 × 1.2m【別名】Dormelo【作出】Dorieux II, F., フランス, 2004年【うどんこ病・黒点病】普通・普通【樹勢】強い

マジェンタ・スカイ
Magenta Sky

色の表情の変化が魅力のバラで、深みのある赤紫色から、咲き進むにつれて濃いダークレッドワインの色になり、やがて青みが強くなる。すっきりとした甘い香りがする。

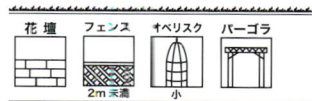

【花径】9cm
【香り】中香

【分類】LCl【開花サイクル】四季〜返り咲き【樹高・株張り】立ち性, 1.5 × 1.3m【別名】Interjagensky【作出】van Doesum, A., INTERPLANT, オランダ, 2010年【交配親】Princess Alexandra × Rhapsody in Blue【うどんこ病・黒点病】普通・普通【樹勢】普通

半つるバラ 大

ラベンダ・ドリーム
Lavender Dream

ラベンダーピンクのセミダブルの小輪花で、スパイス系の香りがする。2〜3年するとシュートが出やすくなり、四方八方へ伸び出すようになる。

【花径】3cm
【香り】中香

【分類】S【開花サイクル】四季〜返り咲き【樹高・株張り】開張,2.0×1.5m【別名】Interlav【作出】INTERPLANT, オランダ,1984年【交配親】Yesterday × Nastarana【うどんこ病・黒点病】強い・普通【樹勢】普通【その他】耐寒性、耐暑性

ローズ・シナクティフ
Rose Synactif

淡い藤色のふくよかな大輪。樹勢の強い品種で、フェンスに添わせるくらいの誘引でも、充分雰囲気たっぷりにすてきなガーデンがつくれる。

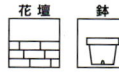

【花径】10cm
【香り】中香

【分類】HT(S)【開花サイクル】四季咲き【樹高・株張り】開張,1.5×1.2m【別名】Emotion Blue【作出】DELBARD, フランス,2006年【交配親】Centenaire de Lourdes × Lasting Love【うどんこ病・黒点病】強い・強い【樹勢】強い【その他】耐暑性

フランシーヌ・オースチン
Francine Austin

花は細い多弁の白いポンポン咲きで、葉色はライトグリーン。とげが少なく扱いやすい半つるバラ。トレリスや2mくらいならアーチ仕立てにもできる。枝は更新して切り替えながら樹形を保つような剪定をする。大輪のつるバラの足元を覆うバラとして扱ってもよい。

【花径】3cm
【香り】微香

【分類】S【開花サイクル】四季咲き【樹高・株張り】1.5m【別名】AUSram【作出】David C.H.Austin, イギリス,1988年【交配親】Alister Stella Gray × Ballerina【うどんこ病・黒点病】普通・普通【樹勢】普通【その他】耐寒性

半つるバラ 大

145

淡雪
Awayuki

純白の5枚花弁の一重咲きで、小ぶりの花が密に咲く。野生種のような粗野な雰囲気でナチュラルガーデン向き。小スペースでも、剪定すればきれいにまとまりながら咲き続けるので扱いやすい。

【花径】4cm
【香り】中香

【分類】S【開花サイクル】四季〜返り咲き【樹高・株張り】這い性,0.6×1.0m【作出】鈴木省三,京成バラ園芸,日本,1990年【うどんこ病・黒点病】強い・強い【樹勢】普通【その他】耐寒性、耐暑性

マダム・アルディ
Madame Hardy

オールドローズの魅力をあますことなく表現している清楚な姿。グリーンアイのロゼッタ咲きに甘いダマスク香。誘引しやすい枝の太さだが、枝先はきっちりではなく自然な感じに誘引ほうがこのバラ本来の樹形をいかせる。

【花径】7cm
【香り】強香

【分類】D【開花サイクル】一季咲き【樹高・株張り】開帳,2.2×1.0m【別名】Félicité Hardy【作出】Hardy,A.,フランス,1832年【うどんこ病・黒点病】普通・普通【樹勢】普通【その他】耐寒性、耐暑性

半つるバラ
中

イエロー・ムタビリス
Yellow Mutabilis

淡い白に近いクリーム色でやさしい雰囲気のある花。四季咲き性が強く花が咲き続けるので、花木として扱っても美しい。例えば、こんもりと刈り込むと、花壇の手前に使う花として楽しめる。

【花径】6cm
【香り】微香

【分類】Ch【開花サイクル】四季咲き【樹高・株張り】半横張り,1.2×1.2m【別名】Bianca Mutabilis,Beayel【作出】Peter Beales,イギリス,2008年以前【交配親】Mutabillis × 不明種【うどんこ病・黒点病】強い・強い【樹勢】普通【その他】耐寒性、耐暑性、半日陰可

モリニュー
Molineux

濃いめの黄色がグラデーションになって咲く。自然樹形で横張りに仕立てると、ボリューム感のある低木のようになる。壁面へハーフアーチを使って上らせるのもおすすめ。

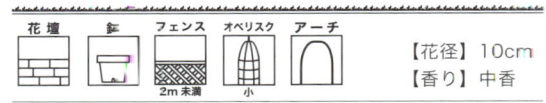

【花径】10cm
【香り】中香

【分類】S【開花サイクル】四季咲き【樹高・株張り】直立,1.0×0.8m【別名】Ausmol【作出】Austin,D.,イギリス,1993年【交配親】Graham Thomas×実生【うどんこ病・黒点病】普通・普通【樹勢】普通【その他】耐寒性、耐暑性

ロサ・フェティダ
Rosa foetida

はっきりとしたライトイエローの一重の花が、枝に連なるように咲く姿は見事。枝は茶色でとげは鋭くはないが多く、葉は軽いグリーン系の香りがする。早咲きで、4月下旬から楽しめる。

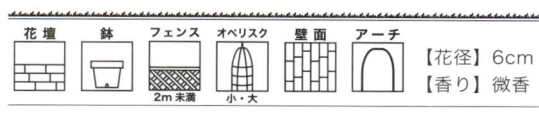

【花径】6cm
【香り】微香

【分類】Sp【開花サイクル】一季咲き【樹高・株張り】半横張り,1.8×1.5m【別名】Austrian Yellow【うどんこ病・黒点病】普通・弱い【樹勢】普通

パット・オースチン
Pat Austin

表はオレンジ、裏は白っぽい黄色のディープカップ咲き。イングリッシュローズの中でも人気の高い品種。1.5mくらいまでのフェンスなら充分にきれいに咲く。黄色やクリームのバラとの組み合わせがおすすめ。

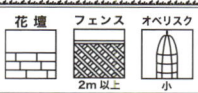

【花径】10cm
【香り】強香

【分類】S【開花サイクル】四季咲き【樹高・株張り】開張,1.2×1.2m【別名】Ausmum【作出】Austin,D.,イギリス,1997年【交配親】Graham Thomas × Abraham Darby【うどんこ病・黒点病】普通・普通【樹勢】普通【その他】耐寒性、耐暑性

ゴールデン・ウィングス
Golden Wings

蝶のようにひらひらと咲くクリームイエローの一重がとてもかわいらしいバラ。自然樹形が美しい品種なので、あまり誘引せず、そのままの姿を見せる剪定で充分。秋も美しく咲く。

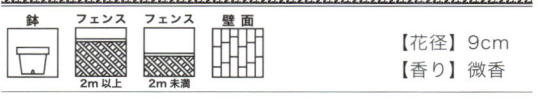

【花径】9cm
【香り】微香

【分類】S【開花サイクル】返り咲き【樹高・株張り】2.0m【作出】Roy E. Shepherd,アメリカ,1956年【交配親】(R.spinosissima×不明) × Soeur Therese【うどんこ病・黒点病】強い・普通【樹勢】強い【その他】耐暑性

ハニー・キャラメル
Honey Caramel

名前の通りの色合いで、ころんとした小輪花。アイアンフェンスや木のトレリスと好相性。仕立ても楽しめるバラで、鉢植えでトレリスやオベリスクにするのもおすすめ。枝は更新していったほうが花つきはよくなる。

【花径】6cm
【香り】ほとんどない

【分類】F【開花サイクル】返り咲き【樹高・株張り】直立,1.8×0.8m【別名】R.'Intermaral'【作出】フランス,2006年【交配親】実生×実生【うどんこ病・黒点病】強い・普通【樹勢】普通【その他】耐暑性

半つるバラ 中

アワ・ベス
Our Beth

花はやさしいピンクで、中心部はやや色が濃く、咲き進むにつれて淡くなる。花持ちがよく、返り咲く品種。自然樹形で広げた枝先に、たわわに花をつける。シュラブでも大きくなるタイプで、ある程度広がるので狭いところよりは、スペースに余裕のある場所におすすめ。

【花径】7cm 【香り】微香

【分類】S【開花サイクル】四季〜返り咲き【樹高・株張り】立ち性 1.5×1.0m【別名】Beacarol【作出】Beales,A.,イギリス,2006年【交配親】Louise Odier × English Miss【うどんこ病・黒点病】普通・強い【樹勢】普通【その他】耐寒性、耐暑性

安曇野 (あずみの)
Azumino

多花性で花首は短く、枝の元のほうからびっしり咲く。一重咲きなので、和風の庭の低木としても利用できる。スタンダード仕立ては傘のようなかたちになる。自然樹形では少し手を加える程度で優美な姿を演出できる。

【花径】2.5cm 【香り】微香

【分類】Cl Min【開花サイクル】一季咲き【樹高・株張り】開張 1.0×1.4m【作出】小野寺透,日本,1983年【交配親】Nozomi × Nozomi【うどんこ病・黒点病】普通・強い【樹勢】強い【その他】耐寒性、耐暑性、半日陰可

ビエ・ドゥー
Billet Doux

フランス語で「ラブレター」という意味。Billet Douxの名にぴったりの可憐な花で、やわらかいピンクに白いストライプが入り房状に咲く。花数が多く、咲き誇る姿は見応え十分。低めのフェンスやトレリス向きの品種。

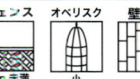

【花径】8cm 【香り】中香

【分類】LC(S)【開花サイクル】四季〜返り咲き【樹高・株張り】立ち性 1.5×1.2m【別名】Delrosar【作出】DELBARD,フランス,2010年【うどんこ病・黒点病】強い・強い【樹勢】強い【その他】耐寒性、耐暑性

半つるバラ 中

148

ダム・ドゥ・シュノンソー
Dames de Chenonceau

アプリコットピンクのロゼッタ咲きで、房になる大輪花。耐病性の優れ、半日陰でも育つ。オレンジ系のフルーティーな香りがガーデンをさわやかな印象にする。

【花径】8〜12cm
【香り】強香

【分類】S【開花サイクル】返り咲き【樹高・株張り】1.5m【別名】Delpabra【作出】Delbard,G.,フランス,2002年【うどんこ病・黒点病】普通・普通【樹勢】普通【その他】耐寒性、耐暑性

ルイーズ・オディエ
Louise Odier

ウォームピンクのロゼッタ咲きでダマスク香のあるバラ。シュートは太すぎず、とげも少ないので誘引しやすいタイプ。アーチやオベリスク、フェンスなど4m以下の構造物ならサイズやかたちは選ばずに仕立てられる。

【花径】6cm
【香り】強香

【分類】B【開花サイクル】返り咲き【樹高・株張り】立ち性,1.4×1.0m【作出】Margottin,フランス,1851年【うどんこ病・黒点病】弱い・弱い【樹勢】普通【その他】耐暑性

ロサ・ケンティフォリア
Rosa×centifolia

インパクトのある濃厚なダマスクの香りを放つ、ウォームピンクのカップ咲きバラ。香料の原料となるオイルの原木として育てられていることでも有名。枝はしなやかで誘引しやすいタイプ。とげは密についている。うつむいて咲く姿が美しいので、目線より高いところに誘引するとよい。

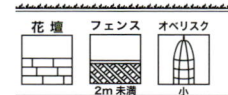

【花径】8cm
【香り】強香

【分類】C【開花サイクル】一季咲き【樹高・株張り】開張,1.5×0.9m【別名】Cabbage Rose【作出】1596年以前【うどんこ病・黒点病】弱い・普通【樹勢】強い

半つるバラ　中

シャポー・ドゥ・ナポレオン
Chapeau de Napoléon

つぼみのかたちがナポレオンのかぶっていた帽子に似ていることが名前の由来。モスと呼ばれる苔のような腺毛がくの外側からがく筒、花首についている。ほかのバラには見られないめずらしいつぼみで、優美ないでたち。マットなローズピンクの花が咲く。たおやかな枝で誘引しやすく、トレリスやオベリスクに向く。

【花径】10cm
【香り】濃厚な強香

【分類】C【開花サイクル】一季咲き【樹高・株張り】立ち性, 1.4×1.4m【別名】Crested Moss, Rosa centifolia Cristata【作出】1827年, Kircheによりスイスで発見された【うどんこ病・黒点病】普通・普通【樹勢】普通【その他】耐寒性、耐暑性

紫燕飛舞
Zi Yan Fei Wu

木立ちバラとしても扱えるが、大きく生長するので日本では半つるバラ扱いで、春から秋までよく咲く。アーチやパーゴラの柱向きの品種。枝は細めで扱いやすい。段々に長さを変える剪定でもきれいに整う。

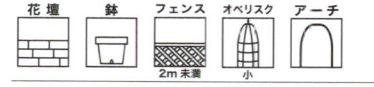

【花径】10cm
【香り】強香

【分類】B【開花サイクル】四季〜返り咲き【樹高・株張り】開帳, 1.5×0.8m【別名】Eugène E. Marlitt, Maggie【作出】Rudolf Geschwind, オーストリア=ハンガリー帝国, 1900年【うどんこ病・黒点病】弱い・普通【樹勢】強い【その他】耐暑性

ウィリアム・ロブ
William Lobb

濃い紫の花弁で花芯が黄色。つぼみには苔のような細かいとげがある。花つきはよく、びっしりと咲く。平面の仕立てに向き、壁面やフェンス、トレリス、オベリスク、アーチまで自然体をいかせる品種。

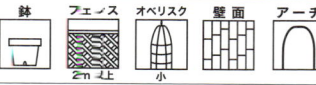

【花径】8cm
【香り】強香

【分類】M【開花サイクル】一季咲き【樹高・株張り】立ち性, 3.0×1.5m【別名】Old Velvet Moss【作出】Laffay, J., フランス, 1855年【うどんこ病・黒点病】弱い・普通【樹勢】強い【その他】耐寒性、耐暑性

アイバーズ・ローズ
Ivor's Rose

弓なりに広がるという半つるバラの特徴をもっとも備えている品種。自由なその姿は、自然樹形の美しさをよく表現してくれる。花色は濃いローズで、花びらが重なり合うロゼッタ咲き。花色に合う赤みの入ったグリーンの葉も落ち着いた雰囲気があるので、ほかの樹木と合わせやすい。複数本を植えて、ボーダーガーデンとして楽しむのもおすすめ。

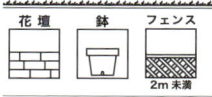

【花径】8cm
【香り】微香

【分類】S【開花サイクル】四季〜返り咲き【樹高・株張り】開張,1.5×2.0m【別名】Beadonald【作出】Beales,A.,イギリス,2006年【交配親】Bonica'82×Roundelay【うどんこ病・黒点病】普通・強い【樹勢】強い【その他】耐寒性

ムンステッド・ウッド
Munstead Wood

ダークローズの豪華なロゼッタ咲き。ふんわりとそのままの樹形をいかした仕立てが向く。通路の両側に植えてダマスクの甘い香りに包まれる小道にするのもおすすめ。

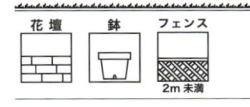

【花径】8cm
【香り】強香

【分類】S【開花サイクル】四季〜返り咲き【樹高・株張り】開張,1.2×1.0m【別名】Ausbernard【作出】Austin,D.,イギリス,2008年【うどんこ病・黒点病】普通・普通【樹勢】普通【その他】耐暑性、半日陰可

スイート・セレナード
Sweet Serenade

とてもインパクトのある濃い紫色の花。半直立性で、伸長力があり、2〜3年で1.5〜2.5mくらい伸びる。花壇のバックに使うような植栽がちょうどいいサイズ感。1.8mくらいのトレリスにも適している。

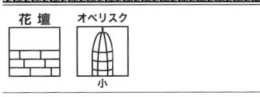

【花径】6cm
【香り】中香

【分類】S【開花サイクル】返り咲き【樹高・株張り】半横張り,1.8×1.5m【作出】寺西菊雄,日本,2008年【交配親】Madame Violet×Rhapsody in Blue【うどんこ病・黒点病】普通・弱い【樹勢】強い【その他】耐暑性

半つるバラ 中

ハートフォードシャー
Hertfordshire

控えめなオレンジが入ったローズピンクの一重の花。ひとつの枝に、一直線に連なって花が咲く様子は見応えあり。ウィーピング仕立てにして、しだれさせるのも美しい。小さめのトレリスに誘引したり、ハンギングの花に使うてもおすすめ。

【花径】4cm
【香り】微香

【分類】S【開花サイクル】四季〜返り咲き【樹高・株張り】横張り 0.8 × 1.2m【別名】Bright Carpet, Lazy Susan, Rose Sandefjord, Tommelise, KORtenay【作出】W.Kordes & Sons, ドイツ, 1991【交配親】The Fairy ×実生 うどんこ病・黒点病】強い・強い【樹勢】普通【その他】耐寒性、耐暑性

半つるバラ 中

ラベンダー・フレンドシップ
Lavender Friendship

ラベンダーピンクのセミダブルの房咲き。枝は細めで誘引自体はしやすいが、花茎が長くなり、花が飛び出すかたちになることもあるので、あまり低いところの誘引には適さない。花がら摘みをすると返り咲く。フェンスやトレリスの仕立てとの相性がいい。

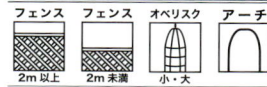

【花径】4cm
【香り】微香

【分類】S【開花サイクル】弱い返り咲き【樹高・株張り】3.0×3.0m【作出】S.Verschuren,オランダ,1984年【うどんこ病・黒点病】普通・普通【樹勢】強い【その他】耐寒性、耐暑性

ザ・フェアリー
The Fairy

花はポンポン咲きのピンク色。その名の通り、小ぶりで愛らしい半つるバラ。大型のつるバラの株元に植えたり、3本くらいまとめて植えて大きな株にするのもおすすめ。鉢で小さな仕立てやハンキングにすることもできる。

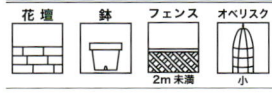

【花径】3cm
【香り】微香

【分類】Pol【開花サイクル】四季〜返り咲き【樹高・株張り】ドーム,2.0×2.0m【作出】Bentall,A.,イギリス,1932年【交配親】Paul Crampel×Lady Gay【うどんこ病・黒点病】強い・強い【樹勢】強い【その他】耐寒性、耐暑性

半つるバラ 中 小

Column 3

時代を越えて人々を魅了するルドゥーテ

　つる性バラの中で私は、オールドローズのロサ・ケンティフォーリアやロサ・ダマスケナ・セルシアーナが好きです。オールドローズはあまり迫力や強い主張はありませんが、その分、枝先一本いっぽんまで洗練された美しさがあります。そして、それぞれの個性がバランスよく、花と葉、とげに至るまで表現され美しい。たおやかに咲き誇るといった表現にふさわしい日本の舞を観るようです。

　時代をさかのぼって今から250年以上前にもこのバラたちに魅了された人々がいます。有名なのは、マリー・アントワネットやナポレオン皇妃のジョゼフィーヌです。激動の時代の中、苦難をバラの花に癒されて過ごしていたことでしょう。

　写真のない時代、宮廷画家という特別な絵師が妃たちのために絵を描いていました。ベルギー出身のピエール＝ジョゼフ・ルドゥーテもそんなお抱え画家として活躍していた一人です。絵を描くことが好きだったルドゥーテですが、それ以上に動植物を愛していた人でした。花は特にバラやユリを好んで植物園に足しげく通ったといわれています。

　彼を魅了したオールドローズはやがてひとつのバラ図譜となって世に出ていきました。それは病いに伏すジョゼフィーヌのために日々したためたものといわれています。彼の絵は病床の彼女を、青く広がった空の下で咲き誇る花々の庭園へといざない、なぐさめたに違いありません。

　ルドゥーテの表現するオールドローズは、実際の花に劣らない美しさを持っています。それは、バラに対する情熱がスティップル・エングレーヴィング（点刻彫版）という版画技法を用いて、エネルギーが注がれた賜物だからでしょう。

　美しいものは時代を越えて評価され残っていきます。2015年5月に社団法人日本ルドゥーテ協会を立ち上げました。今は代表理事として、このすばらしい世界の財産を日本においで伝えていくための活動をはじめました。本書の読者にもルドゥーテの優美な世界を知っていただけたら幸いです。

ルドゥーテのバラ図譜に掲載された
ロサ・スルフレア

Chapter 4

一年間の作業

まずは土づくりから

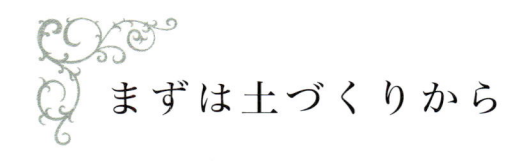

バラにとって土は住まい

　30年のバラづくりの経験からいえるのは、「バラは土が育てる」ということです。だからこそ、これまでの著書でもくり返し書いてきました。

　バラの根は台木であり、それぞれの国ごとに、その環境似合ったタイプのものが選ばれています。その台木の根は、大概どんな土地でも育ちやすく丈夫ですが、さらに通気性や通水性に優れた団粒化構造の土に植えられ環境が整えば、最短1年で倍以上に生長します。

　バラに限らず、あらゆる植物は根に栄養と水分が行き届いた状態を好みます。バラにとっての家は、土です。土壌が整っていなければ、バラは何年経っても育ちませんし、その場所で生き続けることもできません。私たち人間にとって住まう環境が健康に影響するように、バラも住み心地のいい家に住んでこそ、のびのびと健やかに育つことができるのです。

　私がガーデン設計を依頼される時には、いつもはじめに土の状態を見ます。掘り起こしてみると硬い土が出てきたり、構造物の近くの場合は、セメントなどが混じっているということもあります。バラを植えるには、ほとんどの場合、土壌改良もしくは土の入れ替えが必要でした。

土壌改良の必要性

　土壌を改良する必要がある場合は、お客さまに土を見直すことを提案します。しかし必ずしも土づくりのための予算をいただけるとも限りません。「バラを植えるのに、そんなに土にお金がかかるんですか？」といわれてしまうこともしばしばあります。

　そんな時私は、「これからつくるガーデンに、なにをお求めになりますか？」と問い返します。そして、「現状の土のままで庭づくりをするのであれば、バラではなくもっと手のかからない植物にしてはいかがでしょうか」ということもあります。

　手のかからない健康的なバラづくりをしたいなら、根の下50〜80cmはバラの好む性質にしたいものです。バラにとって土がいかに大切かということを理解していただき、土壌改良した後に植栽した庭では、ほとんど枯れることもなく、何年にも渡ってバラが生き続けています。

　バラは耐病性のあるものもあれば、伸長力のあるもの、樹勢の強いものなどさまざまありますが、どんなに優れた品種でも、土がよい状態でなければ、その特性を発揮することはできません。品種選びと同じく、土づくりによってローズガーデンの景色は、いかようにも変わっていきます。

　この章では、バラ栽培の年間スケジュールを紹介します。作業によっては春と秋にできるものなどもあります。ページの端にある月のマークを目安に行いましょう。

土壌改良

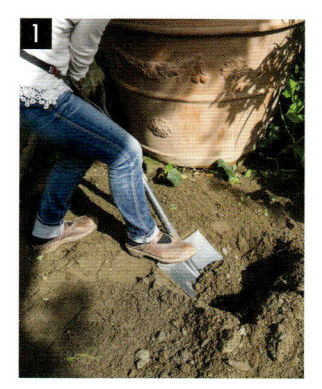

1 土を掘る
深さ50×直径50cmを目安に土を掘り起こして穴をつくる。

2 地層を確認する
バラを植える場所の土の状態を見て改良材を検討する。

3 土と石を分ける
大きな石やコンクリートが出てくることもある。

4 水はけを確認する
穴に水をためて1～2時間おき、水はけの状態を見る。

5 改良材を選ぶ
土や水はけの状態によって土壌改良材を選択する。

6 改良材を入れる
土壌改良材をよく混ぜ穴に入れる。元の土は半量までにする。

よい土の条件

　水はけのよい通気性に優れた土にするには、土の中の微生物が好む状態をつくることが必須です。もちろんすべての土を掘り出してそっくり土替えをする方法もありますが、時間と手間をかければ土は生きてきます。活性化しはじめたら早い段階でふかふかになってきます。
　まずは石などの硬いものを取り除き、堆肥、有機物（植物性、動物性）を入れて土と混ぜてください。最初は硬かった土も入れ続け、混ぜていく過程でどんどんやわらかくなっていきます。土壌改良は年間を通して行えますが、地中深く掘れる冬に行うのがもっとも適しています。

団粒化

　はじめは細かい砂質土壌や粘土質土壌も、有機物を加えていくとやがて粒状の土に変化していきます。これを団粒化といいます。この構造は植物の根に水分や栄養を運ぶのにとても適していて、隙間に水分を保持したり、酸素を取り込んでくれたりします。
　土の中のミミズや微生物が土を耕し、土づくりを手助けしてくれるのです。

新苗・ロング苗の鉢植え替え

繊細な苗の扱い方

　植え替える鉢は、大きいものだと通気性はいいですが栄養や水分が行き渡りにくく、小さすぎると根づまりを起こして乾燥しやすくなったり、倒れやすくなります。適切なサイズのものを選ぶようにしましょう。

　花のついた新苗やロング苗は繊細なので、ある程度まで鉢植えで育てるのがいいでしょう。ただし小まめな管理に自信がある人は、新苗でもスペースがあるなら地植えにしてもかまいません。

【用意するもの】鉢、用土、元肥、軽石、移植ごて、スコップ、棒、ネット、活力剤、軽量カップ（さじ）、ネームタグ（あれば）

【共通作業】鉢の植え替え

■ 鉢底
穴の空き方、ネットは要注意

　安価な鉢は、穴底と地面がぴったりくっついてすき間ができないものもあるので注意しましょう。ネットはずれても穴から外れないよう大きめにかぶせます。目が細かいと根づまりの原因になります。はじめに入れる土はていねいに扱いましょう。

■ 用土
おすすめは硬質赤玉土

　地植えでは、土の状態に合わせて土や肥料を調合しますが、鉢植えははじめからよい用土を選んで使うことができます。さまざまな種類がありますが、硬質赤玉土がおすすめです。安価な赤玉は溶けやすく崩れやすいものが多いので適しません。

■ 活力剤
継続することが大切

　すぐに劇的な効果が出るものではありませんが、継続することで後から効果を実感できるのが活性剤です。効果を発揮するためには、まず正しく希釈して使うことが大切です。定期的に活性剤を与えるようにしましょう。

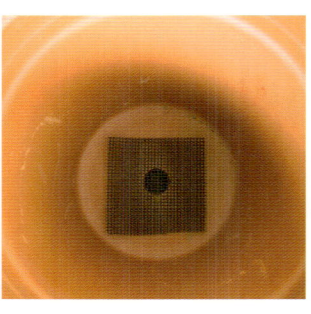

新苗の植え替え

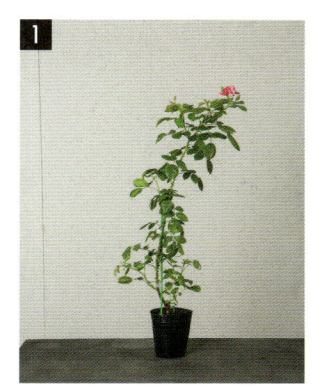

1 葉が大きく、枝の太いものを選ぶ。春先に出荷される新苗は温室育ちなので、寒風に当たらないように管理する。

2 ネットを入れ、軽石を約2cmの厚さで敷く。規定の量の元肥を加えよく混ぜ合わせた用土を鉢の半分くらいまで入れる。

3 新苗の根鉢を崩さないように、ポットからていねいにそっと出す。根の状態を確認する。

4 苗を鉢に入れて、根鉢の上面が鉢のふちより3cm程度低くなるように高さを調節する。

5 苗の周りに混ぜ合わせた用土を入れる。用土が偏らないように、鉢をまわしながら行うとよい。

6 すき間ができないように、棒を土に差し込みながら徐々に用土を入れていく。棒は根には当たらないように注意する。

7 苗の接ぎ口が土に埋まらないようにする。支柱とビニールテープは、秋まで外さないでそのままにしておく。

8 鉢を持ち上げて軽く揺すり、土を全体にならす。水がたまるウォータースペースが確保できているか確認する。

9 植えつけが完了したら、すぐに細かなシャワーの水をたっぷり与えて土を落ち着かせる。

4月 5月 6月 7月 8月 9月 10月 11月 12月 1月 2月 3月

159

ロング苗の植え替え

4月
5月
6月
7月
8月
9月
10月
11月
12月
1月
2月
3月

1 苗は虫食いや病気の跡がなく枝に勢いのあるものを、鉢は苗が入っているポットより2まわり以上大きなものを用意する。

2 ネットを入れ、軽石を約2cmの厚さで敷く。規定の量の元肥を加えよく混ぜ合わせた用土を鉢の半分くらいまで入れる。

3 ロング苗の根鉢を崩さないように、ポットからそっと出す。鉢のふちより3cm程度低くなるように高さを調節する。

4 中央に置いた苗を囲むようにオベリスクを鉢に差し込む。かたちによっては、オベリスクを苗より先に入れることもある。

5 苗の周りに混ぜ合わせた用土を入れる。用土が偏らないように、鉢をまわしながら行うとよい。

6 すき間ができないように、棒を苗の周りの土に差し込む。棒は根には当たらないように注意する。

7 鉢を持ち上げて軽く揺すり、土を全体にならす。水がたまるウォータースペースが確保できているか確認する。

8 ロング苗に元々ついていた支柱を外す。オベリスクがぐらつかないか、少し揺すってチェックする。

9 長くて太い枝から徐々にオベリスクに留める。枝は生長するので、やや遊びを持たせて固定する。

160

10 同じくらいの長さの枝が2本以上あったら、まずは1枝を巻いてみてから、次の枝に取りかかる。

11 下のほうに若い枝が出ていない場合は、古い枝を一枝切って、下のほうでも花が咲くように留める。

12 花の咲く位置を考えながら、少し遊びを持たせる感じで上のほうにも枝を留めていく。

13 上部が仕上がったら、少し遊びを持たせる感じで中間にも枝を寝かせて留める。

14 すべての枝を留めたら、全体を見渡して、オベリスクからはみ出ている短い枝を切っていく。

15 完成したら全体の仕上がりを離れたところから確認する。活力剤入りの水をたっぷり与える。根づくまで乾燥させない。

経過観察

5月 → 6月 1/3カット

同じ鉢、同じオベリスクで来年も咲かせたいなら、上のほうを1/3くらいを切る。下のほうのシュートは2〜3本ほしいところ。日当たりのいいところに置く。水やりも忘れずに。

Point

つるバラの誘引に使うオベリスクやトレリスは、複雑な模様のデザインでないほうが扱いやすいでしょう。枝を地面と水平にすることで花数が増えます。

構造物は横のラインは何本か必要ですが、マス目が小さくなると枝が挟まり解けなくなる可能性があるので、ある程度手の入るくらい広いもので仕立てるようにします。

新苗・大苗の地植え

土壌改良がポイント

　地植えのつるバラ、半つるバラの成功の鍵は、植える場所の土壌をよい状態にすることです。植えつけは、庭の土を改良するチャンス。ここでいかにきちんと穴を掘って、土を入れ替えることができるかによって、その後の生長は目に見えて違うものになります。

　日当たりと風通しのいい場所を選んで作業しましょう。大苗の地植えはp.171をご覧ください。

【用意するもの】用土、堆肥、ミリオン、元肥、活力剤、計量カップ（さじ）、バケツ

【 共通作業 】 地植え

1 体重をのせてスコップを土に突き刺して、テコの要領で後ろへ倒して土をしっかりと掘り起こす。

2 深さ50cm、直径50cmを目安として掘る。土が硬い時や障害物があって深く掘れない場合は広く浅く掘る。

3 石などが出てきたら取り除いておく。適切な大きさに穴が掘れたら、穴底に規定量のミリオンを入れる。

4 排水の悪い土の場合はミリオンを多めに入れる。上から掘り上げた庭土をかけて、ミリオンとよく混ぜ合わせる。

5 上から元肥をかけて、さらによく混ぜ合わせる。

6 堀穴とは別の場所で用土と堆肥を混ぜ合わせておく。土の状態を見て、腐葉土や赤玉土、ベラボンなどを入れて混ぜる。

新苗の地植え

1 苗は虫食いや病気の跡がなく枝に勢いがあり、葉の大きなものを選ぶ。花つきの場合は鉢で楽しんでから植えてもいい。

2 p.162・6の土を穴の半分くらいまで入れる。根鉢を崩さないように、ポットから出す。

3 支柱をつけたまま株元部分を持ってていねいに扱う。苗のまわりに残りの土を入れていく。

4 すべての土を入れ、苗がぐらつかないように固定する。掘った穴の周りに3〜5cmくらいの高さの土手をつくる。

5 長い支柱を深く刺し込んで固定する。接いである部分は特にていねいに支柱に結んでおく。

6 完成したら全体の仕上がりを離れたところから確認する。活力剤入りの水をたっぷり与える。

Point

　新苗は接がれてから2〜7ヵ月の状態です。まだ根の部分との活着が未熟なので、接合部がはがれないように注意が必要です。

　枝葉も少なく初期の育成が悪いと、なかなか元気になるまでに時間がかかります。

　購入してからの3ヵ月はこまめに病害虫の防除に努め、水の乾きも目視できちんと確認してください。もちろん植え土は雑菌の少ない良質な土を使うことをおすすめします。

　植えつけの時に土に混ぜる元肥は、できるだけカリの割合が多いものを使用するようにしてください。チッ素は年間で30g必要といわれていますが、植えつけのタイミングではその1/3〜1/2程度とします。

　肥料は、有機質が入っていて充分に発酵しているタイプのものを使うことをおすすめします。土は、手で軽く握った後、指で触ってみてボロっと崩れるくらいがベストの状態です。肥料や土壌改良剤は土の状態によって選択しましょう。

夏の対策　暑さ、乾燥、風通し

繊細な苗の扱い方

　夏は枝がぐんぐん伸びて根元が混み合ってきます。そのままの状態では風通しが悪くなるので、細い枝からカットしてすっきりさせしましょう。

　鉢バラはそっと鉢から出して根がつまっていないかチェック。近年日本では7月中旬以降長い間暑い日が続きます。暖地やベランダでは特に涼をとれる対策が必須です。

■ 地面から離す

　気温の高い時期に地べたに直におくと、地熱が鉢を通って根まで傷めてしまいます。地面から離して、地熱からバラを守りましょう。花台やポットフィート、レンガ、ブロックなどに置いて、地面との間にすき間をつくります。熱を逃すだけでなく、風通しもよくなり、病害虫対策にもなります。

■ 鉢選び

　生長期のバラは枝を伸ばしてたくさんの葉を蓄えますが、その分、根も伸ばしています。小さい鉢を選んでしまうと、根がすぐに鉢全体にまわって根づまりを起こします。

　根の生長に合った通気性のいい鉢を選びましょう。底穴が高くなっている素焼き鉢がおすすめです。

■ 鉢を重ねる

　植えている鉢よりも1まわり大きな鉢を用意して、鉢カバーのように使います。鉢に直接日が当たらないことで、鉢の中の温度上昇を防ぐことができます。

　暑さに弱い品種は、西日を避けられるように半日陰に移動したり、すだれなどを立てかけて遮光してもいいでしょう。

■ 活力を与える

　暑さや蒸れで根が傷んでいる場合や、酷暑などによってダメージを受けている時には、活力剤を使用しましょう。定期的に使い続けることが大切です。「バイオゴールドV-RNA」は、ダメージを早く回復させたい時や土壌を改善したい時に特におすすめです。

枝づくりの基本作業

次のことを考えながら行う

つるバラや半つるバラの品種や仕立てを問わず、基本となる作業があります。どの作業も、バラを健やかに生長させて、次の花をどんな風に咲かせるか、来年はどんな枝ぶりにするかをあらかじめ考えながら行います。

例えば終わった花を切るのは、基本中の基本。でもそれが、意味のあるとても大切な作業なのです。

■ 終わった花を切る

返り咲き性、四季咲き性のバラは、終わった花を切るタイミングで次の花芽がスタンバイしています。花色がくすんできたら、花弁が地面に落ちる前に花を切ります。この時、先端に花のついていない、葉だけの枝(ブラインド)も切り戻すと花芽が出ることも。花とともに葉も2〜3枚切りましょう。

■ 枝の更新

常に新しい枝の出るタイミングを見逃さないことが大切。つるバラは枝を横に寝かせると曲げたところから天に向かって新枝を伸ばします。新しい枝の先へ先へ栄養が流れるので今までの枝に栄養が充分に届かなくなります。こうなると自然と枝は古くなり更新の時期を迎えます。

■ 仮誘引

春から葉が出て枝が伸び茂りはじめると光合成が盛んになり、多くの枝が出てきます。5〜8月は来年の5月に咲かせるための大切な枝。太く丈夫な枝が出てきたら必要な本数とその枝をどこへ誘引するかをあらかじめ決め、その方向へ仮誘引しておくと後々誘引する時に作業しやすくなります。

Point

季節を問わず生長期には枝の更新をすると余分な栄養を古枝に使われず、常に新しい枝の生長を助けます。寒冷地は古枝を残し、新枝を切って硬くしまった枝づくりをすると強い枝になります。仮誘引はあまりきっちりしめずに少しずつ加減しながら留めましょう。

新しい枝を出すには日光が不可欠です。枝を出したい部分に直接光が当たるようにすると効果的。春先から地温を高めるようにマルチングすると早く枝が出ます。

アーチの枝づくり

上へ上へと伸ばす

　苗を植えたばかりのタイミングなら、まずまっすぐに上へ上へと伸ばすことを優先させます。バラは年数が経つにしたがいだんだん株元からのシュートが出にくくなります。先端の枝を切って、ボリュームを抑えぎみにすることで下からシュートが出てくるのを待ちます。

Before  → After

1 枝の出方や状態を見て、アーチに対して中心、左、右、それぞれに伸ばす枝を決める。

2 栄養を分散させて大切な枝に栄養が行き渡らなくする細くて細い枝は、カットしておく。

3 下から段々になるように、平行にする枝を決めて留めていく。

4 アーチの上部は、あまり欲張らず、枝は少なめにするくらいのほうが、花が咲いた時にバランスが取れる。

Point

　一番花が終わる頃から7月末頃が新しい枝を出すのに一番適した時期です。枝の整理は8月から遅くても9月上旬にしましょう。温度が高く、日照が長い時のほうが枝を整理した後、残した枝が充実した枝になります。冬までにしっかりと硬い枝になると翌年の春ボリュームのある美しい花が咲きます。冬の剪定では株元から花を咲かせるようにするために枝を地面と平行に支を寝かせる誘引をします。そのため夏の間に、使う枝を育てておく必要があります。先端の枝が繁茂していて株元に光が当たらなかったり、栄養が枝先ばかりに送られたりすると、なかなか株元の新しい枝はつくられません。6〜9月にかけて株元の枝が出てくるか気にかけてあげることが大切です。

オベリスクの枝づくり

誘引しやすい枝を残す

枝の太さが直径3cm以上の枝は一度切り戻し、直径1cm前後の枝をつくっておくようにすると誘引しやすい枝になります。翌冬に巻き戻すことを考えると、春に咲いた後の枝を伸ばすのでは巻ききれなくなるためです。大きく伸びたら、花後に50cmくらい切りそこから伸ばします。

Before → After

1 設置したオベリスクを越えるくらい長く伸びてくるまでは、折れないように仮留めしておく。

2 左に巻くか、右に巻くかどちらが巻きやすいか確認し、巻きやすい方向へななめに仮留めして方向を決めておく。

3 枝をある程度太く硬くしまった枝にするために、分枝している枝は1本に絞っておく。

4 枝を仮留めする時は、交差しても構わないが、蒸れないように注意する。

5 先端より30cm以下に誘引したほうが美しく仕上がる。夏場に折れないよう、無理に曲げず素直に仮留めをしておく。

6 もう少し枝が出てきてほしいところは、日光が当たるようにしておくと枝が出やすくなる。

壁面の枝づくり

環境条件のいい場所で

壁面は、それを覆えるだけの環境条件が揃っていることが大切です。できるだけ水分と養分を与えましょう。夏は葉が茂りどこから手をつけたらいいかわかりづらいですが、株元から枝先を目で追うと見えてきます。冬までにしまった枝が上下左右に伸びるようにしましょう。

Before → After

1. 仕立てはじめの2〜3年はしっかりした主幹ですべてをつくるのは無理。細くても、ほかによい枝がなければそれを使う。

2. 枝をあまり短くしてしまうと樹勢が弱るので、気持ち長めに切って整理する。

3. 枝はこのタイミングでは寝かせずに、ななめに方向を決めて仮留めしておく。

4. もう少し長く上へ伸ばしたい時は、一度太めの枝のところまで何本かは切り戻したほうが太い枝が出やすい。

5. 台風などで枝が折れることもあるので、夏場は、枝の先まで仮留めしておくようにする。

6. 株元は葉を取り除いて日が当たるようにしておくと、新芽が出やすくなる。

自然樹形の枝づくり

手を加えすぎない

自然なままの姿を表現しても美しいかどうかは、見る人の感性によるもの。まるっきりそのままの姿では下枝が枯れ、蒸れてしまいます。自然風に見えるように、あまり多くの手を加えずに枝を抜くような剪定をして、さっぱりさせることで伸びやかな枝ぶりを見せるようにします。

Before → After

1 藪のように繁茂してる株を見て、どのあたりで花を咲かせたいか、高さを決める。

2 下の株元から見ていく。地面のほうを向いている枝やもぐっている枝は切る。

3 枝の先端は軽く切るか、夏はそのままにしておいてもいい。

4 太すぎて伸びすぎるシュートは、切るか、途中で切って分枝させるようにする。

5 分枝させた状態。このまま冬までおいて、少し短くする。

6 枝を支える半円のサポート支柱は角度をいろいろ変えられてその都度調整できるので便利。

169

大苗の鉢の植えつけ

1 枝が硬くて充実している、10月下旬～11月に店頭に並ぶものを選ぶのが望ましい。

2 新苗の植え替え（p.159）と同じ要領でネットを敷き、軽石と元肥を加えた用土を入れる。ポットから出す。

3 苗の周りに混ぜ合わせた用土を入れる。ふちより3cm程度、水がたまるウォータースペースを確保する。

4 すき間ができないように、棒を二に差し込みながら徐々に用土を入れていく。棒は根には当たらないように注意する。

5 苗の接ぎ口が土に埋まらないようにする。ビニールテープがついている場合は、外しておく。

6 植えつけが完了したら、すぐに細かなシャワーの水をたっぷり与えて土を落ち着かせる。

Point

鉢植えで販売されているバラは、いつでも植えつけができます。秋から春先まで、季節をまたぐので、時期によって扱い方に違いがあります。大切なのは、根鉢を崩すか、崩さないかということです。

葉や花がついている生育期に植えつける場合、根を切ってしまうと葉がしおれ枯れてしまいます。この時期はポットから取り出す時も注意が必要。根鉢を崩さないようにそっと植え鉢に移しましょう。

12～2月に植えつけをする場合は、休眠期に入っているので、根鉢は崩してしまって大丈夫。水で根を洗い、まわっている根を広げてて傷んでいるところや長すぎる根があれば切って整えます。規定通りに希釈した活力液に、苗をつけておくと活着がよくなります。

大苗の地植え

1 枝が硬くて充実している、10月下旬〜11月に店頭に並ぶものを選ぶのが望ましい。

2 新苗の地植え（p.163）と同じ要領で、穴を掘り、p.162・6の土を穴の半分くらいまで入れる。苗をポットから出す。

3 苗の周りに残りの土を入れていく。すべての土が入ったら、苗がぐらつかないように固定する。

4 掘った穴の周りに3〜5cmくらいの高さの土手をつくってウォータースペースを確保する。

5 長い支柱を深く刺し込んで固定する。接いである部分は特にていねいに支柱に結んでおく。

6 完成したら全体の仕上がりを離れたところから確認する。活力剤入りの水をたっぷり与える。

Point

　バラづくりのための重要なポイントは、根の周りに良質な土と肥料を入れるということに尽きます。土の状態をきちんと確認してみてください。たいがいの庭土はしまっていて通気性が悪く、ちょっと掘って植えただけでは根は生長できません。

　硬い土ならなおさらしっかりと掘り、バラにあった土を50L入れることでバラがすくすくと育つ基盤ができます。通気性や保湿性、保肥性のバランスがとれた土に改良して掘った穴に戻せば、細い根も素直に伸びていってくれることでしょう。

　土は、「育てていく」というスタンスでのぞみましょう。初回は穴を掘ったところだけですが、2年目はさらにその周りを掘り土壌改良をくり返していくと、どんどん土が活性化され、広い範囲でバラの土壌環境をつくることができます。1cm〜数mmの団粒構造の土になるまでがんばりましょう。

　庭土が水の逃げ道がないほど粘土質なら、地植えはおすすめできません。

　穴の大きさは、直径50cm、深さ50cmくらいを目安にしてください。

プランターの土替え

鉢のサイズはそのままでOK

　バラは鉢いっぱいに根を張り、1年も経つとそれ以上生長することができなくなります。そのため「1まわり大きな鉢に植え替える」のですが、そもそも大きな鉢を置くスペースがないということもあるでしょう。そこでおすすめしたいのが、鉢土を部分的、もしくは全体的に入れ替える方法です。

一部の土を替える

1 大きな鉢に移し替えられない場合、土の一部を入れ替えます。入れ替える部分に印をつける。

2 鉢に、移植ごて、またはスコップを差し込んで土を掘り出す。

3 掘り出した土の状態を確認し、それに応じて入れる肥料や腐葉土などを調合する。

4 土替えする部分の土をすべてきれいに掘り出す。

5 混ぜ合わせておいた用土を穴が空いた部分に入れ込んでいく。

6 苗がぐらつかないかチェックする。完成したら活力剤の入った水をたっぷり与える。

すべての土を入れ替える

1 鉢から苗を引き抜く。根が回っているとなかなか外れない。根切りナイフで根の下のほうを切る。

2 苗の周りについている土を根切りナイフで切り落として取る。雑草の根も切れて効率的。

3 手を使って、根の周りからほぐしていく。

4 様子を見て、必要ならばさらに根鉢を切り落とす。

5 株元に水を当てて、根についている土を洗い落とす。絡まりをほぐし、病気のチェックもする。

6 細く絡まっている根を切り揃える。ただし、根は半分くらいは残す。

7 鉢と比べてみた時、写真のように下に土の入るスペースがあるようにする。

8 新苗の植え替え（p.159）と同じ要領でネットを敷き、軽石と元肥を加えた用土を入れる。

9 ウォータースペースを確保し、最後に活力剤の入った水をたっぷり与える。

4月 / 5月 / 6月 / 7月 / 8月 / 9月 / 10月 / 11月 / 12月 / 1月 / 2月 / 3月

冬の剪定と誘引

春のバラを夢見て

　つるバラの栽培に慣れてくると、冬の剪定がとても楽しく、待ち遠しくなってきます。花もついていない枝を眺めながら、「ここに花を咲かせよう」、「今年はこんなふうに枝を配置してみよう」などと北風の吹く寒い日でも庭に出て枝を剪定しはじめると、春にバラの咲く姿を夢見て、夢中で作業をしているのです。

　初心者は、枝がボサボサの状態では、どこから手をつけたらいいのか、なにがなんだかわからないでしょう。

　じっとつるバラの枝を見つめてみましょう。バラが「この枝をいかしてほしい」、「この枝は古くなったので切ってほしい」と話しかけてくるがごとく、枝のつやや出方によって元気のある枝とそうではない枝が判断できるようになります。

ラダー（はしご）

1 必ずしも固定されたものではなくとも、写真のような簡易的なラダーを支柱として使うこともできる。

2 古い枝を地面と平行になるように、麻ひもなどで2～3重にして留める。

3 下になる枝からラダーに結びつける。新しい枝は1重で留める。

4 仕立てる範囲に対して、もし枝が長すぎる場合は、枝を曲げてみるのもいい。

5 右に枝が流れる、かたちのいい仕立てが完成。

Point

　支柱として使うものは園芸用でなくても応用できます。その場の雰囲気に合ったものであれば、かえって園芸向けでないほうがいいかもしれません。自由な発想でオリジナルのデザインしてみては。

ゲートの支柱に咲くバラ

174

オベリスク

1 さまざまなかたち、サイズ、カラーのあるオベリスク。ここではカラフルなポール状のもの使って誘引してみる。

2 枝がまだ先端まで伸びていない。できるだけ下のほうからオベリスクに合わせてしっかり留める。

3 曲げづらい太くて硬い枝は無理をせずに、まっすぐ上に向けて留める

4 一本ずつ、枝の方向を見ながら、配置していく。

5 できるだけ枝の先端のほう、20cmは地面と平行にして留める。

6 枝先はきちんと留める。1枝につき3箇所くらいは最低、結び留めるようにする。

7 さらに上へ上へ伸ばしていく。

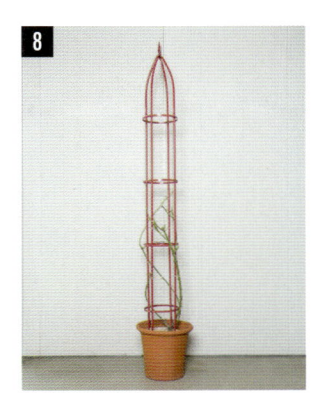

8 カラーのオベリスクだと、花が咲いていない時でも、枝の流れの美しさが映える仕上がりになる。

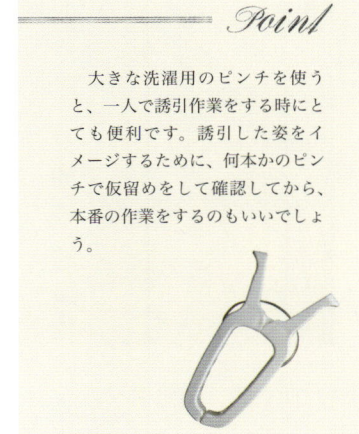

Point

大きな洗濯用のピンチを使うと、一人で誘引作業をする時にとても便利です。誘引した姿をイメージするために、何本かのピンチで仮留めをして確認してから、本番の作業をするのもいいでしょう。

4月 / 5月 / 6月 / 7月 / 8月 / 9月 / 10月 / 11月 / 12月 / 1月 / 2月 / 3月

アーチ

1 2mくらいの白いベンチつきアーチに鉢植えで育てたサー・ポール・スミスを誘引する。

2 太くまっすぐ伸びていて曲げられない枝は、無理に曲げずそのまま留めて、脇の細枝を横に寝かす。

3 下のほうから徐々に上のほうへ留めていく。下のほうで咲く短い枝も必要。

4 枝と枝の間隔をあけて、あまつ枝同士が重ならないように留める。

5 アーチの上のほうはできるだけ枝を寝かせて横にする。

6 写真はサイドを結び終えた様子。アーチから枝ははみ出さず、きれいに留まっている。

7 ぴったり枝を沿わせると、花が咲いた時にアーチのカーブが美しく見える。

8 正面から見ても、アーチから飛び出た枝はなく、ぴったりときれいに収まった仕上がりになっている。

Point

アーチのように高さもある程度必要になる仕立てを鉢植えでする場合、土の量が50Lくらい入る鉢がおすすめ。苗の時は小さくてもいいですが、伸びはじめたら土の乾きも早くなります。

枝の本数を出し、1本を太くしていくには、土の中に伸びる根の量が必要なので、鉢は大きいものを使います。水はけを考慮して、底穴を大きくしたり、複数箇所穴を開けるようにしましょう。

フェンス

1 葉の落ちた枝だけになった様子。枝の状態を確認する。

2 夏に仮留めしていたところをすべて外して、株元からもう一度左右に振り分ける。

3 1本ずつ、できるだけ地面と平行になるように留めていく。

4 フェンスの網をくぐっていた場合、表に戻せるなら戻してから留める。

5 枝先が分かれていたら、硬い枝のほうを優先して残すようにする。

6 必要以上に伸びていた枝は切る。（夏の仮誘引で切ってしまうと、ほかの枝が折れてしまった場合に代用できないため）

7 12月頃誘引する時は、先端を2芽残して切っておくと、もし芽吹いてしまっても後から切り戻すことができます。

8 1の状態と比べると、より春に咲く花の姿がイメージできるようになった枝ぶり。

Point

長く伸びたつるの枝を見ると、剪定することをためらってしまいがち。でも、やわらかい未熟な枝の芽は、花を咲かせるまでの力がないので思い切って剪定、誘引しましょう。年々、上部はボリュームが出て、株元はさみしくなってきます。翌年のことを考えて、株元の短い枝をつくっておくことも大切です。フェンスからあまり離れたところで枝を結ぶのは避けましょう。

バラの冬支度

特に幼少苗は要注意

　バラは基本的にはマイナス10℃くらいまでの寒さに耐えられる冬に強い植物ですが、ほかに外的な要因が重なることで枯れてしまう場合もあります。

　例えば、掘り上げたばかりの苗で根が切られてしまい、その根周りが凍結して何日もそのまま凍った状態だったり、地上部が常に冷風にさらされて脱水状態になりすると、枝はしおれてしまうこともあるのです。

　12月までに伸びた枝が太くしっかりしているように見えても、ちゃんと観察してみると、実は10月頃の秋に伸びた軟弱な枝だったということもあるでしょう。このように、植える場所や条件によって、比較的あたたかい地域であっても枯れさせてしまうことがあるのです。

　そのため、特に幼少苗は注意が必要。冬でも庭に出て、よくバラの様子を観察することが大切です。寒冷地ならできれば10月、暖地でも12月になったら、冬支度をはじめるようにしましょう。

天気予報は早めにチェック

　植えた場所で根づき、それから何年か育てていると徐々に寒さにも強くなります。根を広い範囲に広げることで、根が凍らないところまでたどり着き、しっかりと地上部を支えてくれるようになるのです。

　そして地上部の枝も、年々木になり、硬くしまってきて、冷風にも耐えられるようになります。この状態になるまでは、用心して早めの防寒対策をします。

　しかし、その後も油断は禁物です。連日マイナス10℃以下で、雪が降らずに凍結しっぱなしの地域では、4〜5年育ったバラも、厳しい寒さにさらされてひと冬で枯れてしまうこともあります。

　冬シーズンに入る前に天気予報を早めに確認して、念のための作業ができるように、少し心配性くらいの気持ちで対応しましょう。備えがあればほとんどの場所で育てられます。

　地植えでは、冬場の水やりは基本的に必要ありませんが、冬でも乾燥が激しい場合には水をやりましょう。鉢は、週に一度は土の状態を確認してください。午前中は表面が凍って乾燥して見えるので、日中にチェックします。

つるバラの越冬

1 枝はまとめる
あまり剪定せずになるべくまとめる。三角錐のオベリスクを支柱とした。

2 株元を保護する
株元を腐葉土や牛ふん、ワラなどで覆い、その上に土をかぶせる。

3 不織布を巻く
風よけに不織布を支柱の周りに巻いていく。

4 さらに巻く
寒さに応じて、不織布を2重、3重に巻いておく。

5 ひもで留める
風などで飛ばないように、ひもやビニールタイでしっかり留める。

6 細く仕上げる
雪がすべり落ちやすいようにスリムにする。霜が降りなくなるまでこのままに。

耐寒性のある品種

シティ・オブ・ヨーク、安曇野、ポールズ・ヒマラヤン・ムスク・ランブラー、アルベリック・バルビエ、ニュー・ドーン

● スピーシーズ（原種）
　ロサ・ヒルトゥーラ、ロサ・ムルティフローラ、ロサ・ミクルゴサ

● ルゴサ系、アルバ系、ガリカ系

鉢バラの防寒対策

　鉢植えのまま何日も凍ったままでは、植えたばかりのバラは枯れてしまいます。できるだけ凍らない場所で管理しましょう。土の表面が多少、朝方に凍ってるくらいなら心配いりません。

　土の表面に腐葉土やピートモスでマルチングしたり、枝を霜よけシートで覆ってあげるといいでしょう。間違っても、室内の10℃以上の場所には置かないでください。休眠できずに芽が出てきてしまいます。

バラ栽培の年間カレンダー

タイプの特性や生育状態に合わせて植えつけから剪定日々の水やり、病害虫対策を行いましょう。

		3月	4月	5月	6月	7月
株の生育状態	四季咲き	生育活動の開始・生長（芽吹き）				開花・生長　1番花／
	一季咲き	生育活動の開始・生長（芽吹き）			開花	
剪定と誘引	すべての種に共通	芽かき　台芽取り　切り戻し　芽かきはオールドローズ、原種には不要			伸びすぎたオールドローズは　オールドローズ　イング	
	つる性種				シュートの支柱誘引　シュートをまっす	
	半つる性種（一季咲き）				シュートの支柱誘引　シュートをまっす	
	半つる性種（四季咲き）				シュートの支柱誘引　フェンス・	
	木立ち性種			シュートの処理		
	植えつけ		春苗の植えつけ			
	施肥		追肥　液肥が有効		お礼肥　一番花が咲き終わる頃	
	活力剤			活力剤は植え替え時、弱った時に与える		
水やり	地植え	1週間に1〜2回			3日に1回	
	鉢植え	表土が乾燥してきた時	毎朝1回		乾く時は鉢を大きいものに替える（鉢増し）	
病害虫防除	害虫の発生		アブラムシに注意	害虫のよく発生する時期　ヨトウムシ・イラガ・ダニなど		
	病気の発生	生育期に備えて予防		病気のよく発生する時期　黒点病・ウドンコ病・ベト病など		
	薬剤散布			病害虫に対する定期散布　特に雨の多い月はまめに薬剤散布		
	マルチング				マルチング　乾燥・雑草の繁殖防止	
	中耕と除草			中耕・除草　固くなった地表と肥料のすき込みなど		

8月	9月	10月	11月	12月	1月	2月

2番花／3番花　　　　　　　　開花　4番花　　　　　　　生育活動の低下（休眠）

生長　　　　　　　　　　　　　　　　　　　　　　　　生育活動の低下（休眠）

刈り込み、整枝
リッシュローズ整枝

ぐに伸ばす　防風対策　　　　　冬の剪定・誘引すべての枝の先端を切り戻す前年に支柱にしばった枝を誘引しなおす

ぐに伸ばす　防風対策　　　　　冬の剪定・誘引すべての枝の先端を切り戻す前年に支柱にしばった枝を誘引しなおす

アーチなどに誘引する場合のみ　　冬の剪定・誘引すべての枝の先端を切り戻す前年に支柱にしばった枝を誘引しなおす

秋の弱い剪定　　　　　　　　　　　　　　　　　冬の剪定

　　　　　　　　　　　　　　　　　　　　　大苗の植えつけ
鉢バラの植えつけ　年間いつでもOK、11〜2月は根鉢を崩し土を取って植える

活力剤、元肥 剪定時に施す　　追肥 一季咲き除く　　苦土石灰 リン酸　　元肥はなるべく有機肥料　　活力剤

1日に1回　　3日に1回　　乾燥した日が続いた時　　乾燥した日が続いた時　　1週間に1回

　　　　　　　　　　　　　毎朝1回　　　　　　鉢土が乾燥してきた時

害虫のよく発生する時期　　　　　　　　生育期に備えて予防

　　　　　　　　　　　　　　　　　　　　生育期に備えて予防

　　　　　　　　　　　　　　　　生育期に備えて予防　凍害の防止など

　　　　　　　　　　　　　　マルチング　生育期に備えて予防

つるバラ栽培のおすすめアイテム

使いたい時にすぐに使えるように、バラ栽培に必要な道具にはどんなものがあるのか、あらかじめ調べ、揃えておくことが大切です。使いやすさを重視するのか、見た目にこだわるのか、長く使っていけるようなお気に入りの一品を見つけてください。

掘る・耕す

バラ栽培はまず、土を掘って耕し土壌を改良するところからはじめるのが基本です。さまざまな大きさやかたち、素材のものがあるので、実際に手で持って見て適したものを選びましょう。

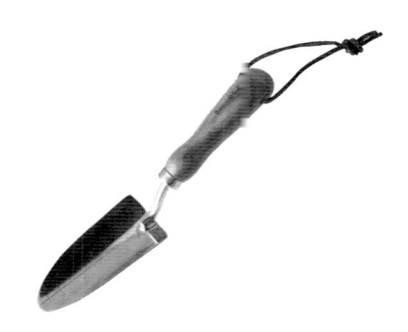

移植ごて

穴を掘ったり、土をすくったりするハンドルスコップ。鉢の植えつけ作業に最適です。水を含んだ土に触れることがあるので、サビに強いものがいいでしょう。プラスチック製のものは、軽いので持ち運びやすく、用土を混ぜる作業をする時に便利です。

スコップ

先端がとがっているタイプのシャベルは、土を深く掘り起こしたり、かたまりになっている土を砕く時に、刃先が四角い角スコップは、土をすくい上げたり、大きなプランターに土を移したりした時などに使います。使う人の身長や体格に合わせて選びましょう。

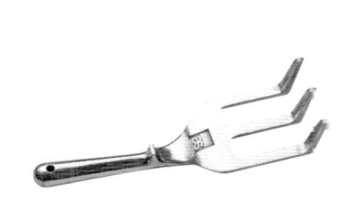

フォーク

土を耕したり、ほぐしたり、砕いたりする時に便利なのがフォーク。バラの株元に雑草が生えてきた時にも使えます。手元で作業するさいに小回りの効く小型のものと、たくさんの草や切った後の枝をすくって移動させるさいに重宝する大型のものがあります。

切る・剪定する

花がら摘みなどの日頃の作業や、デザインを決める剪定など、使う機会がもっとも多いのがはさみ。またプランターの土替えなどで使う根切りナイフも「切る」アイテムです。枝も根も、切ることによって次の生長へとつながります。清潔な状態で使用することが大切です。

剪定ばさみ

つるバラの剪定作業に欠かせないのがこのはさみ。バネが作業をサポートしてくれますが、あまりバネが強すぎると疲れやすく逆効果です。できれば購入前に実物を触って、手になじむ大きさか、使い心地はいいか、ということをチェックするようにしましょう。

枝切りばさみ

枝が太くなったり硬くなってきたりすると普通の剪定はさみでは切れないことがあります。太い枝も難なく切れるはさみを備えましょう。高いところの枝は、高枝切りばさみを使います。両方とも、持ち上げて持って無理のないものを選びましょう。

根切りナイフ

鉢いっぱいになって育つ余地のなくなった根は、切ってあげるのがバラのためです。根が詰まって硬くなっていても、根切りナイフを使えばストレスなく切ることができます。バラの植え替えの時だけでなく、芝生の縁切りに使うこともできるアイテムです。

留める・誘引する

つるバラ、半つるバラの栽培で必ず必要になるのが枝を留めたり誘引したりするためのアイテム。むかしながらのビニタイやナチュラル素材の麻ひも以外にも簡単に使えて作業しやすいものが増えています。

麻ひも
誘引作業や株に不織布を巻く時など、なにかと活躍するのが麻ひもです。自然素材なので、朽ちた後も大地に戻る地球にもやさしいエコアイテム。さまざまなメーカーのものがあり、バリエーションも豊富です。お気に入りのひとつを見つけてみては。

缶入り麻ひも
さまざまな場面で重宝する麻ひもがすてきなパッケージの缶に入ったアイテム。おしゃれな道具を使っていると、愛着がわいてきて、いつもの作業も楽しくなってきます。蓋からひもが出ているので引き出しやすく、絡まることもないので機能性も充分です。

ソフトタイ
ゴムとワイヤーが一体になったようなタイで、手でねじって結びます。デリケートなつるを誘引する時は、スリムタイプを使いましょう。竹や木材を組んでオリジナルの支柱やフェンスをつくりたい時にも大活躍。アイデア次第でさまざまな場面で使えます。

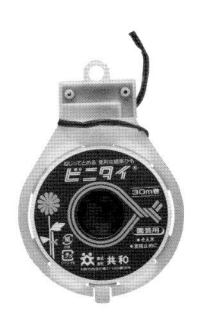

ビニタイ
バラだけでなく、園芸を楽しむうえで必須の王道的アイテムのひとつ。添え木や支柱、生垣を固定する時などに使われています。ねじるだけで簡単に結ぶことができ、細かい作業にも向くので、たくさんのバラを栽培していたり、作業量が多い時に特に重宝します。

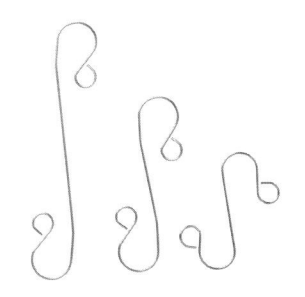

S型フック
傷めることなく枝同士をまとめたり、仕立て直したりする時に適したS字型のフックです。取りつけも取り外しも手軽なので、バラにも負担をかけず、作業効率も高いアイテム。結び目がないのでひもよりも目立たず、何度もくり返し使えるのもポイントです。

誘引クリップ
枝と支柱をワンタッチで留めることができる、クリップタイプの誘引グッズ。結びつけるのとは違い隙間があるので、締めつけがつくなく、育ってかたちが変わっていく枝を傷つけません。簡単に留める位置を調節することができる、つるにやさしいアイテムです。

| デザインする | つるバラや半つるバラの楽しさは、どんな品種を選び、どんな仕立てにするのかによってデザインの可能性が無限に広がるところにあります。バラの枝の重みに負けない長く使えるものがおすすめです。 |

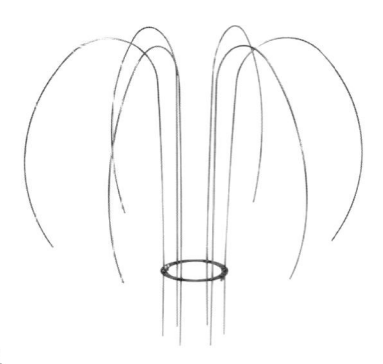

自然樹形風

枝先を留めずに自然樹形を楽しめるアイテム。シャワーが湧き出るような姿は優雅でナチュラルな庭にぴったり。誘引で弧を描くように広がるポート・サンライトのような品種と合います。

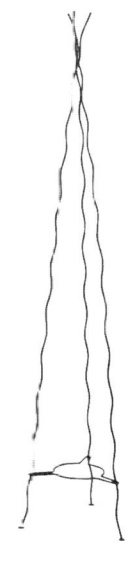

ポットスタンド

鉢ごとそのままセットして、誘引できるタイプ。移動が簡単にできるのでベランダにも向きます。鉢なので仕立て直しがしやすく、つるバラ初心者でもチャレンジしやすいオベリスクです。

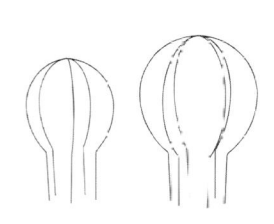

ドーム&リング

丸いかたちのものが庭にひとつあるだけでポイントになります。ドーム型は広がりやすい低めの品種やゆるく枝が伸びるものと好相性。リング型はしなやかな枝の品種向き。大きな鉢や地植えで楽しんで。

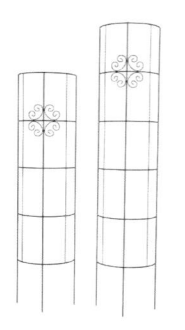

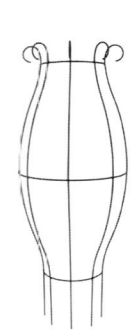

半円オベリスク

2つを合わせて筒状にしたり、横に並べたりとさまざまな楽しみ方ができるオベリスク。木の前に設置すると、開花期には木をバラが包んでいるよう。狭いスペースでもすてきな演出をしてくれます。

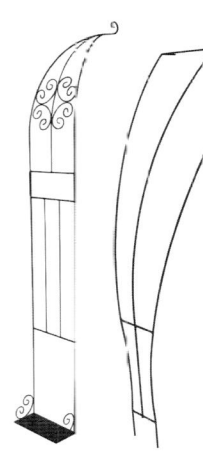

壁かけ

土にしっかり足を差し込めないところでも、壁に立てかけられるタイプのフェンスがあります。鉢にさしても使えます。また、地面や大きな鉢に入れて固定するタイプの壁かけもあります。自由度が高いアイテム。

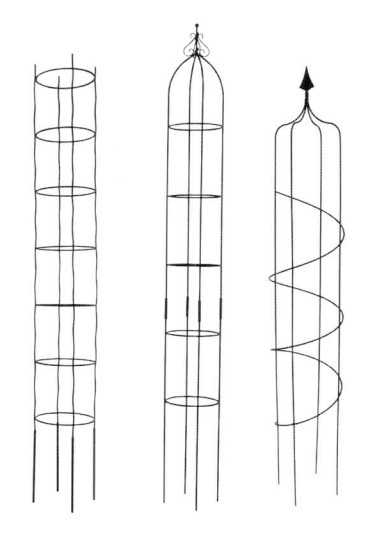

タワー

埋め込みをしっかりしても地上部の高さがあり、頑丈なものを選びたい。高さのある仕立てなら、ガーデンのシンボルローズになる品種を選びましょう。スパイラル型は45度に誘引できて花つきもグッド。

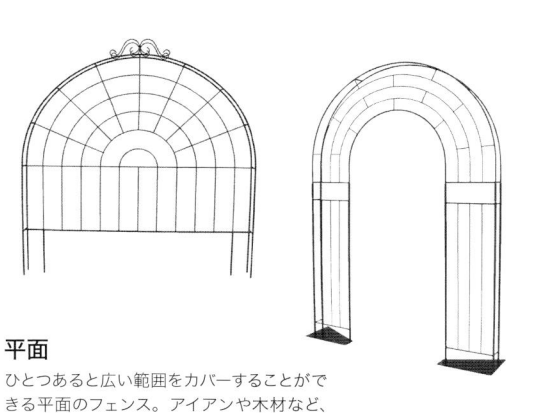

平面

ひとつあると広い範囲をカバーすることができる平面のフェンス。アイアンや木材など、さまざまな種類がありますが、目は粗めのもののほうが誘引しやすく、エレガントな仕上がりになります。

ガゼボ

バラの香りに包まれるガゼボは、バラ好きならきっと憧れるくつろぎの空間です。お気に入りの大きく伸びるタイプの品種を植えて、つるバラや半つるバラの美しさを存分に楽しみましょう。

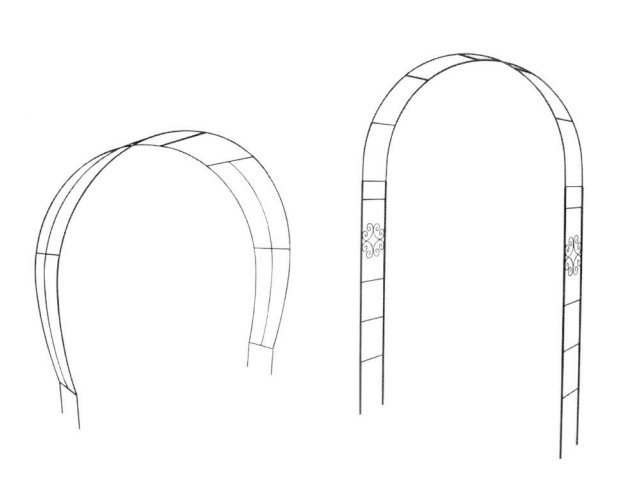

アーチ

庭のゲートにしたり通路の途中に設置したりと、見上げる楽しさを満喫できるのがアーチです。シンプルなものや装飾性のあるもの、小型・大型のものなど、タイプは違っても主役になる存在感があります。

Column 4　おすすめバラ園

●いわみざわ公園 バラ園
北海道岩見沢市志文町794
TEL 0126-25-6111

4万m²の敷地に約630品種8300株のバラとハマナスを植栽。2013年より本格的に無農薬栽培に挑戦している。

●京成バラ園
千葉県八千代市大和田新田755
TEL 047-459-0106

世界バラ会議で優秀庭園賞を受賞したバラ園で1500品種1万株を系統別に植栽。バラ苗の揃うガーデンセンターも併設。

●軽井沢レイクガーデン
長野県北佐久郡軽井沢町レイクニュータウン
TEL 0267-48-1608

豊かな水をたたえる湖を中心に、軽井沢の美しい景観をのぞむ8つのガーデンエリアが展開されているナチュラルガーデン。

●中之島公園
大阪府大阪市北区中之島1
TEL 06-6312-8121

堂島川と土佐堀川にはさまれ、約1.5km続く都心のオアシス的公園。バラ園には約310品種3700株が植栽されている。

●花巻温泉 バラ園
岩手県花巻市湯本1-125
TEL 0198-37-2111

花巻温泉の敷地内にあり、南斜花壇の跡地につくられたバラ園。宮沢賢治が設計した日時計花壇も見どころ。

●神代植物公園
東京都調布市深大寺元町5-31-10
TEL 042-483-2300

ウメやサクラの名所としても知られる都内随一の植物園。沈床式庭園に400品種5000株余のバラが植栽されている。

●蓼科高原バラクラ イングリッシュ ガーデン
長野県茅野市北山栗平5047
TEL 0266-77-2019

1990年に創園された日本初の本格的英国式庭園。オールドローズをはじめ、5000種をこえる植物が四季を通じて楽しめる。

●姫路ばら園
兵庫県姫路市豊富町豊富2222
TEL 079-264-4044

800品種3500株のバラを植栽し、毎年シーズンごとに園内のレイアウトが変化のする庭づくりをしている。

●東沢バラ公園
山形県村山市楯岡東沢1-25
TEL 0237-55-2111

湖をのぞむ美しい公園。2001年、全国のバラ園で唯一、環境省から「かおり風景100選」の認定を受けた。

●花菜ガーデン
神奈川県平塚市寺田縄496-1
TEL 0463-73-6170

野生種から近年のバラまで、約1170品種1900株を所有。バラの育種家がたどった品種改良の歴史を知ることができる。

●花フェスタ記念公園
岐阜県可児市瀬田1584-1
TEL 0574-63-7373

80万7000m²の広大な都市公園に約7000品種を3万株のバラを植栽。原種やオールドローズも充実のコレクション。

●RSKバラ園
岡山県岡山市北区撫川1592-1
TEL 086-293-2121

400品種1万5000株のバラ以外にも、ボタンやツツジ、ハナショウブ、アジサイなど四季折々の植物を鑑賞できる。

●茨城フラワーパーク
茨城県石岡市下青柳200
TEL 0299-42-4111

30万m²の広大で開放的な敷地にある「バラテラス・品種園」では、世界のバラが800品種3万株が植栽されている。

●横浜イングリッシュガーデン
神奈川県横浜市西区西平沼町6-1 tvk ecom park
TEL 045-326-3670

1300品種のバラをメインに、宿根草やクレマチスなどの草花を組み合わせた5つのガーデンを楽しむことができる。

●国営越後丘陵公園
新潟県長岡市宮本東方町字三ツ又1950-1
TEL 0258-47-8001

香りにこだわった「香りのばら園」では669品種2316株が7つのエリアに植栽されている。新品種コンクールも見どころ。

●ハウステンボス
長崎県佐世保市ハウステンボス町1-1
TEL 0570-064-110

5〜6月は「バラ祭」を開催。一面バラで彩られた庭園や宮殿、全長1kmに渡る運河など、街中がバラでドレスアップする。

●東武トレジャーガーデン
群馬県館林市堀工町1050
TEL 0276-55-0750

有名な芝桜のほか、1500品種3000株のバラと多種多様な宿根草を植栽。ブルーローズなど7つのテーマの庭がある。

●山梨県立フラワーセンター ハイジの村
山梨県北杜市明野町浅尾2471
TEL 0551-25-4700

スイスの街並みをイメージした園内からは富士山や八ヶ岳が一望できる。見応えあるバラの回廊やパノラマ花壇は必見。

●デビッド・オースチン・ロージズ イングリッシュローズガーデン
大阪府泉南市幡代2001
TEL 072-483-0878

イギリスのデビッド・オースチン・ロージズ社のバラが3000株植栽されている、花咲ファーム内にあるバラ園。

●かのやばら園
鹿児島県鹿屋市浜田町1250
TEL 0994-40-2170

霧島ヶ丘公園の丘陵地、8万m²の敷地に5万株のバラを植栽。温暖な気候のため全国に先駆けてシーズンを迎える。

Chapter 5

病害虫対策

農薬に対する考え方

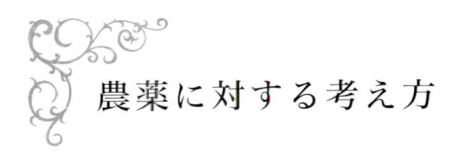

日本の病害虫対策

　世界の主要都市を見てみると、「農薬を使わない生活」に方向転換しています。では、日本ではいかがでしょうか。

　高温多湿の夏がある日本では、農薬を使わずに作物を生産するのは難しいでしょう。バラでも同じことがいえます。苗木の時から無農薬で育てるのは大変なことです。私は、バラにとって生きるための最低限のケアは施すべきだと考えています。人間の赤ちゃんが病気にかかっているのに、それを放っておく親がいないのと同じで、育成の段階では農薬を散布し健康的に育つのを見守ることが得策だと思うのです。

　私の山梨県北杜市にある農園では、しっかりと定植するまで細心の注意を払い大事にバラを育てています。幼苗期は病害虫によって生長を害されるので消毒薬をマメに散布しています。そうしておくことで、定植後はみるみるうちに生育し、秋までの5ヵ月の間に立派な大苗（2年生苗）へと生長してくれるのです。

減農薬は可能

　バラを育てる人も育てられるバラも、お互いに負担のない方法を見つけられればベストですが、現状ではすべての品種においてそのようにするのは不可能です。とはいえ、20年前に比べると随分と耐病性が強い品種がつくり出されるようになりました。

　つるバラは特に生育が早いタイプのバラなので、育てやすくなってきています。病気に強い品種を選び、環境を整えて手入れをすれば、減農薬でバラを栽培することもできると思います。

　農薬を使う場合は、街中や住宅街では大々的に農薬を散布するのではなく、周囲の環境を考慮して行うようにしましょう。

　減農薬をするための一番の早道は、病気を知り、その治療法をきちんと理解し実行できる自信を持つことです。この自信こそが、病気を未然に防ぐことにつながります。

病害虫対策の基本

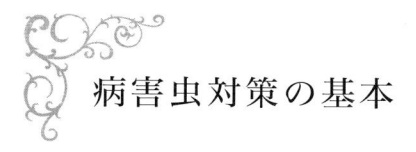

最適な環境とは？

　病気や害虫が発生する場所は、ある程度予測することができます。つまりバラにとって適した環境を整えることができれば、病害虫の発生を抑えることができるのです。日当り、水はけ、風通しの3つを基本に、バラの栽培に合った環境をつくりましょう。

■日当り
　庭木は茂ってくると徐々に日陰になる場所ができます。日当りが悪くならないよう、木が茂ってきたら枝を切って透かしましょう。一番花が終わる頃から秋の花が咲く頃までは、日照を確保するための手入れが大切です。

■水はけ
　雨の日に、バラの周りに水が溜まる場所がないか確認しましょう。土が固くなったら、表面を軽く耕して水路を確保します。鉢植えの場合は、主に根づまりが考えられます。1まわり大きい鉢に植え替えましょう。

■風通し
　病害虫は空気が滞っているところを好みます。周りの草花が伸びすぎていないか、葉が茂って通風を妨げていないかチェックするように心がけましょう。株元はいつもすっきりさせておくことが風通しをよくする一番の方法です。

病害虫が発生したら？

　環境を整えきちんと管理していても、気候や育て方、品種などによって病害虫は発生します。育成期は特によく観察して少しでも早く発見することが大切です。病害虫が発生しても、初期の段階ですみやかに治療すれば被害を最小限に抑えることができます。

■病気
　目に見えた症状がある頃には、かなり進行している状態だと考えられます。まずはじめに症状の出ている葉とその上下にある葉を取り除き、どのような病気にかかっているかを調べましょう。薬剤を散布する時には、病気にかかった木だけでなく、周辺の木にも施します。

■害虫
　毎日バラを観察することが第一の予防策です。害虫を発見したらすぐに取り除きましょう。なんの虫なのか調べ、状態に合わせて適した薬剤を散布します。その後の数日は特によく観察し、まだ害虫が発生するようならもう一度薬剤を散布しましょう。

バラに発生する主な病害虫と対策

病気も害虫も、その発生しやすい環境や症状、対策法にそれぞれ異なります。
環境を整えよく観察して、発生した場合にはすぐに対処しましょう。

■病気

黒点病（黒星病）

症状／株の下のほうの葉に黒い病斑が出て広がり、やがて黄変して落葉する。放置すると、瞬く間にすべての葉を失う。周辺の株にも感染する。ある程度大きな株であれば葉を再生できるが、一年目の新苗は抵抗力が弱く、感染すると枯死することもある。

多発時期／6～7月、9～10月。花が咲き終わった後や雨が多い時期。

予防策／株元の古い枝を取って、風通しをよくする。新苗には予防消毒が必須。鉢植えなら、雨の日に軒下などへ移動するだけでも有効。

対処法／感染した葉とその上下の葉、落葉を取り除く。適用する薬剤を感染した株とその周囲の株に散布する。症状が治まらないなら、3～4日毎に連続して3回くらい散布する。

枝枯れ病（キャンカー）

症状／幼枝の一部に黄色から褐色の斑点が出る。枝の切り口や接ぎ目などの傷から感染し、枯れ上がっていく。枝全体に広がると、病斑部から先の枝葉は枯死する。枯死した枝の表面に黒い粒が発生する。

多発時期／5～10月。雨が多い時期。

予防策／日当りと水はけをよくする。冬の剪定の時に混み合った枝に取り除く。

対処法／発病した枝はすぐに切り取り、切り口は殺菌剤などで消毒する。丈夫な部分まで枝を切り戻す。

うどんこ病

症状／カビの仲間で、つぼみや花首、新葉、若葉が粉を吹いたように白いカビに覆われる。感染が進んでも落葉はしないが、葉は縮れ生育が遅くなる。毎年春に同じ品種、同じ株からはじまる。日中に胞子が飛散し、湿度が高くなる夜に葉に侵入して広がる。

多発時期／4～6月、9～11月。夜間に湿度が高まる時期。

予防策／日当りと風通しをよくする。夕方の水やりは夜間の湿度を上げてしまうので控える。チッ素肥料は控え目にする。予防消毒が効果的。

対処法／感染したつぼみや葉や枝先を取り除く。適用する薬剤を感染した株とその周囲の株に散布する。症状が治まらないなら、3～4日毎に連続して3回くらい散布する。

べと病

症状／はじめは淡い黄色の斑点が発生する。症状が進むと淡い褐色に変わり落葉する。下葉から発生し、徐々に上のほうの葉に広がる。近くの病斑同士がつながって、葉全面に広がることもある。

多発時期／5～7月、9～10月。雨が多い時期。

予防策／日当り、排水をよくし、過湿にならないようにする。雨の直に予防薬を葉の裏と表にまんべんなくていねいに散布する。

対処法／病斑部分を取り除く。鉢の場合は植え替えで土も取り替える。一刻も早く適用する薬剤を散布する。

根頭がんしゅ病

症状／根の一部がデコボコのこぶのように膨らんできて、バラの栄養を奪い続けるので株全体の元気がなくなり、樹勢が衰える。こぶは、泡が固まったような膨らみ方で表面に亀裂が入ったような状態。周囲にも感染する。

多発時期／5月、9～10月。苗の植え替え時期。

予防策／苗を購入する時に、接ぎ目と根元をよく確認し、こぶのない健全な苗を選んで植える。高温多湿にならないようにする。害虫の食害にも注意する。

対処法／発病した株を抜き取る場合は、周りの土も取り除く。感染株を切ったりこぶを取り除く。菌が付着してほかの株に影響を与えることがあるので、使用した道具は清潔に保つ。

灰色カビ病（ボトリチス）

症状／花や茎が溶けるように腐り、病気が進行すると灰色のカビが花や葉、切り口、傷口に発生する。白バラは赤い斑点、色のあるバラは白い斑点が多数出てくる。

多発時期／3～12月。雨が多い時期。

予防策／風通しをよくし、水のやり過ぎに注意する。咲き終わったら、花がらをこまめに取る。水やりでは花弁に水をかけないようにする。

対処法／枯れた部分にも病原菌が残っているので取り除く。発生時期には定期的に薬剤を散布する。

■害虫

アブラムシ

症状／体長1mmほどの緑色や黒色のアブラムシが、つぼみや新芽、若葉などに集団で張りつく。汁を吸うさいにウイルスを媒介して排泄物ですす病を誘発することもある。

多発時期／4〜11月。

予防策／反射光を嫌う性質があるので、株元にアルミ箔などを敷く。

対処法／繁殖力が強いので、根気よく防除する。浸透性の高い薬剤を散布するか根の周りに粒剤を散布する。

ヨトウムシ

症状／蛾の幼虫で小さなうちは葉裏に群れ、葉を薄く透かす。大きくなると土色のイモムシに成長する。日中は土の中にひそみ「夜盗虫」の名の通り、夜の間に葉や花を食い荒らす。

多発時期／4〜11月

予防策／イモムシ類は大きくなると薬剤が効きづらくなるので、適用する薬剤を早めに散布する。

対処法／地面を軽く掘り起こし、見つけたらすみやかに駆除する。株元の土を軽く掘って駆除する。

カイガラムシ

症状／成虫は退治が難しい害虫のひとつ。地際に近い枝に寄生して、汁を吸い、枝を覆うようにびっしりと白くなる。葉の表面がベトベトすることもある。新梢や新葉の出が悪くなり、枝枯れを起こす。排泄物はすす病などの原因になる。

多発時期／通月

予防策／風通しをよくしておく。

対処法／数が少ないうち、幼虫のうちに削り落とす。幼虫は地面に落ちても生きのび再発するので注意する。

チュウレンジハバチ

症状／成虫が茎に卵を産みつけ、幼虫がふ化する。幼虫が葉の縁に群れて張りつき、葉脈だけを残した状態で食害する。

多発時期／4〜11月

予防策／幼虫は大きくなると薬剤が効きづらくなるので、適用する薬剤を早めに散布する。

対処法／数の少ないうちに捕殺する。大量に発生した場合は薬剤を散布する。

ハダニ

症状／小さな虫が葉裏につく。汁を吸われた葉に針先でつついたような白い斑点が出る。少量だと判別しづらく、数が増えるとかすり状にまとまって見える。クモの巣状になることもある。

多発時期／5〜11月。高温で乾燥している真夏に大量発生する。

予防策／風通しをよくし、定期的にホースなどで勢いよく水を葉裏にかける（葉水）。風通しの悪い場所や日の当たらない場所で発生しやすいので注意する。

対処法／見つけたら、すぐに駆除する。水に弱いので、発生する葉裏に強めの水をあてる。粘着テープで取る方法もある。適用する薬剤を散布する。

バラゾウムシ

症状／つぼみや新芽、やわらかい茎に卵を産みつけしおれさせる。つぼみが黄色くなり、チリチリと焦げたように枯れる。つぼみがうなだれた状態になることもある。

多発時期／5〜9月

予防策／株元にたまった葉や落ちたつぼみも取り除いておく。越冬するので冬の間にきちんと駆除する。

対処法／卵を産みつけられたらつぼみごと取り除く。増殖が早いので、適用する薬剤を早めに散布する。

カミキリムシ

症状／枝や幹の中に卵を産みつけ、孵化すると1〜2年木の中にいて内部が空洞になるほど食べつくす。侵入口から出る木くずのようなものは幼虫のふん。樹勢が衰え枝が枯れる。

多発時期／5〜8月

予防策／樹勢の衰え枝に産卵する傾向があるため、樹勢を強くする。枯れ枝や樹皮が剥がれている枝は剪定時に取り除く。

対処法／食害された場合は侵入口にあるふんを取り除き、穴を見つけて薬剤散布するか、中の幼虫を針金などで刺殺する。

薬剤の選び方

バラの薬剤には、大きく分けて病気を予防、治療する殺菌剤と害虫を退治する殺虫剤があります。最近では、バラの消毒薬も種類が増え、適用できる範囲が広がって以前に比べ随分と便利になりました。どのようにバラを楽しみたいかによって、自分に合ったものを選びましょう。

ローテーション散布

バラは高温多湿の時期に病気にかかりやすいので、ある程度さまざまな病気に対応している薬剤を使わざるをえません。しかし、ひとつだけで必ず効くという薬剤はありません。そこでおすすめしたいのが、系統の違う殺菌剤を交互に使用するローテーション散布です。有効成分の異なる農薬を週に1回散布することで、病害虫を未然に防ぐ効果が増します。途中で病気が発生してしまったら、治療薬に切り替えましょう。

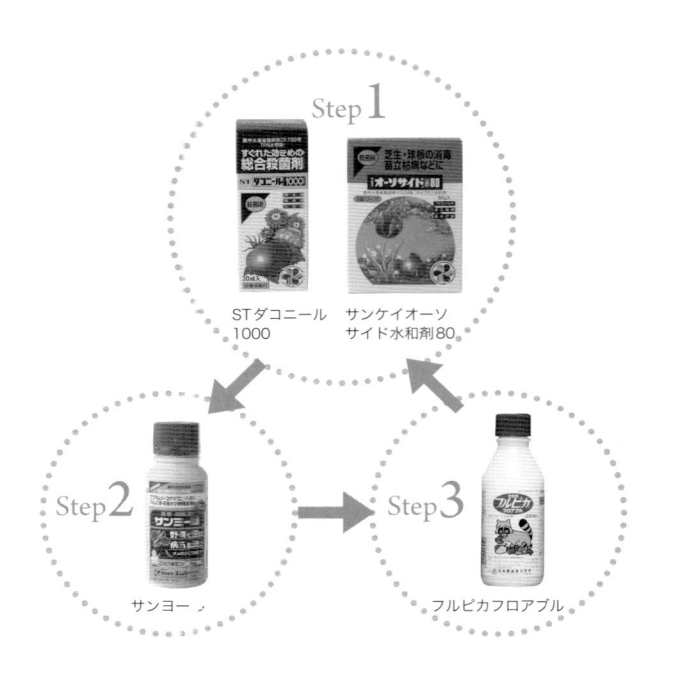

Step 1
STダコニール1000　サンケイオーソサイド水和剤80

Step 2
サンヨール

Step 3
フルピカフロアブル

手軽にお手入れ

たくさんある薬剤の中でなにをどのように選べばいいか迷ってしまう人も多いでしょう。バラを日々観察してお手入れするのが理想ですが、なかなか手をかけられないという人にもおすすめの薬剤です。

カイガラムシエアゾール　サンヨール・トレボンスプレー　GFオルトランC

自然の力で栽培

　自然栽培を目指しているなら、自然の力を利用した活力液や活性剤、保護液などがおすすめ。さまざまなメーカーの製品があるので、好みのものを探して、環境にもバラにもやさしい暮らしを楽しみましょう。

バイオゴールド
のニーム

有機の雫
そのままスプレー

■ 正しく希釈する

　薬剤はその効果を理解し、表示の通りに正しく使用することで、すばらしいローズライフをもたらしてくれるバラ栽培のパートナーです。農薬を「正しく使用する」とは、散布の仕方はもちろんですが、正確な希釈をすることにあります。製品に表示されているラベルを確認し、農薬の希釈倍率から必要な水の量を算出してください。

液体・粉末どちらのタイプも少量なら計量スプーンが使いやすい

粉末や粒剤を計るのに便利なはかり。皿は薬剤専用のものにする

液体タイプの農薬を計るのは計量カップやスポイトがおすすめ

水量(ℓ) ＼ 農薬量(g,ml)	500倍	800倍	1000倍	1500倍	2000倍	2500倍	3000倍
0.5ℓ	1	0.6	0.5	0.3	0.25	0.2	0.15
1ℓ	2	1.2	1	0.6	0.5	0.4	0.3
2ℓ	4	2.5	2	1.3	1	0.8	0.6
3ℓ	6	3.7	3	2	1.5	1.2	1
4ℓ	8	5	4	2.6	2	1.6	1.3
5ℓ	10	6.2	5	3.3	2.5	2	1.6
6ℓ	12	7.5	6	4	3	2.4	2
7ℓ	14	8.7	7	4.6	3.5	2.8	2.3
8ℓ	16	10	8	5.3	4	3.2	2.6
9ℓ	18	11.2	9	6	4.5	3.6	3
10ℓ	20	12.5	10	6.6	5	4	3.3

おすすめ薬剤

殺菌剤や殺虫剤、その両方の役割があるもの、殺虫剤、特定の害虫に対応した専門薬など、薬剤は多種多様にあり、なにをどのように選べばいいのか迷ってしまいます。そこで、私が実際に使ってみておすすめできるものを紹介します。

殺菌剤

薬剤を散布することで葉に病原菌が付着するのを予防する予防殺菌剤と病気にかかった後に病原菌を退治する治療殺菌剤があります。

- STサプロール乳剤（住友化学園芸）
- トップジンMゾル（住友化学園芸） 
- STダコニール1000（住友化学園芸） 
- サンケイオーソサイド水和剤80（住友化学園芸） 
- GFベンレート水和剤（住友化学園芸） 
- パンチョTF顆粒水和剤（ニッソーグリーン） 
- サルバトーレME（ハイポネックス） 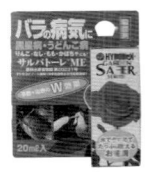
- フルピカフロアブル（日本曹達） 

殺菌・殺虫剤

病気の予防・治療のための殺菌剤と、植物につく害虫を退治する殺虫剤がひとつになった、一人二役の薬剤。スプレータイプは手軽に散布できます。

- マイテミンスプレー（ハイポネックスジャパン）
- サンヨール（エムシー緑化） 
- サンヨール・トレボンスプレー（エムシー緑化） 
- ベニカXファインスプレー（住友化学園芸） 
- GFオルトランC（住友化学園芸）

殺虫剤

散布すると根や葉から薬剤の成分を吸収して殺虫効果を発揮するものや、広い面積に対応できるもの、などさまざまです。

オルトランDX粒剤	GFオルトラン液剤	モスピラン液剤	家庭園芸用マラソン乳剤	 STアクテリック乳剤	ベストガード水溶剤
（住友化学園芸）	（住友化学園芸）	（住友化学園芸）	（住友化学園芸）	（住友化学園芸）	（住友化学）

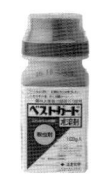

専門剤

吸汁性、食害性のある特定の厄介な害虫に対して効果を発揮する専門的な薬剤です。

〈アブラムシ〉	〈カイガラムシ〉	〈カミキリムシ〉	〈ケムシ〉	〈ナメクジ〉
HJブリースカイ粒剤	カイガラムシエアゾール	園芸用キンチョールE	ベニカJスプレー	ナメ退治忌避粒剤
（ハイポネックスジャパン）	（住友化学園芸）	（住友化学園芸）	（住友化学園芸）	（住友化学園芸）

Point

ここ数年、初夏〜秋にかけて、侵入口からオガクズ状のフンを出すゴマダラカミキリムシの発生が急増しています。バラ科の植物は特に狙われやすく、3〜4年生長してくると株元が太くなり、カミキリムシの成虫が株元を傷つけて産卵し、ふ化した幼虫が数年にわたり食害しながら成長していきます。そのため、樹勢が著しく衰えてきて枝が枯れてきます。弱っている状態なので、枯れなくても、強風などで折れてしまうこともあります。

定期的に株元にカミキリムシ専用の薬剤をかけておくと予防できます。もちろん、食害の形跡があったら、スプレーのノズルの先をその穴の中に直接入れて、噴霧すると効果があります。

最初は見落としてしまうほど小さな穴なので、よく観察して早めの予防対策をとり、カミキリムシを寄せつけないようにしましょう。

花き類登録農薬

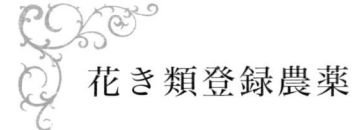

　国によって審査され認可された農薬を登録農薬といいます。登録されるためには、作物ごとに効果や薬害、人体への影響などさまざまな試験をクリアしなくてはいけません。農薬は、この農薬登録票が交付されているものを使用しましょう。

【 花き類登録農薬　病害 】

農薬名	有効成分名	黒星病	うどんこ病	べと病	灰色かび病	炭疽病	さび病	根頭癌腫病	ハダニ病	農薬系統名	予防治療別
カリグリーン水溶剤	炭酸水素カリウム		○							炭酸水素塩剤	治療
パンチョTF顆粒水和剤	シフルフェナミド		○							酸アミド系・EBI	予防治療
	トリフルミゾール										
ポリオキシンAL水溶剤	ポリオキシン複合体		○		○				○	抗生物質	治療
ゲッター水和剤	ジエトフェンカルブ				○					ジエトフェンカルブ、ベンゾイミダゾール系	治療
	チオファネートメチル										
バスアミド微粒剤	ダゾメット							○		土壌殺菌剤	―
サンクリスタル乳剤	脂肪酸グリセリド		○						○	物理的阻害	治療
ピリカット乳剤	ジフルメトリム		○							アミノピリミジン系	治療
モレスタン水和剤	キノキサリン		○							キノキサリン系	治療

噴霧器を使う時はゴーグルや園芸用マスク、長袖など肌の露出を少なくして作業する

鉢バラなら、霧吹きを使うのもおすすめ。必ず農薬専用にすることが大切

【 バラ病害防除基準掲載農薬一覧 】

農薬名	有効成分名	黒星病	うどんこ病	べと病	灰色かび病	炭疽病	さび病	根頭癌腫病	ハダニ病	農薬系統名	予防治療別
エムダイファー水和剤	マンネブ		○	○	○	○				有機硫黄	予防
ジマンダイセン水和剤	マンゼブ	○		○	○	○				有機硫黄	予防
ステンレス	アンバム	○		○						有機硫黄	予防
ビスダイセン水和剤	ポリカーバメート	○								有機硫黄	予防
トップジンMゾル・M水和剤	チオファネートメチル	○								ベンゾイミダゾール系	治療
ベンレート水和剤	ベノミル	○	○							ベンゾイミダゾール系	治療
サプロール乳剤	トリホリン	○	○							EBI	治療
アンビルフロアブル	ヘキサコナゾール		○							EBI	治療
マネージ乳剤	イミベンコナゾール	○	○							EBI	治療
サルバトーレME	テトラコナゾール		○							EBI	治療
ラリー乳剤	ミクロブタニル	○	○							EBI	治療
ルビゲン水和剤	フェナリモル		○							EBI	治療
トリフミン水和剤	トリフルミゾール		○							EBI	治療
ダコニール1000	TPN	○								有機塩素	予防
オーソサイド水和剤80	キャプタン、鉱物質微粉等	○								有機塩素	予防
フルピカフロアブル	メパニピリム	○	○		○					アニリノピリミジン系	予防
ポリベリン水和剤	イミノクタジン酢酸塩		○		○					グアニジン系＋抗生物質	予防治療
	ポリオキシン複合体										
ハッパ乳剤	なたね油		○						○	物理的阻害	治療
アグロケア水和剤	バチルス ズブチリス		○							微生物剤	予防
バクテローズ	アグロバクテリウム・ラジオバクター							○		微生物剤	予防
クリーンサポート	バチルス ズブチリス		○					○		微生物剤＋抗生物質	予防治療
	ポリオキシン複合体										
ハーモメイト水溶剤	炭酸水素ナトリウム		○		○					炭酸水素ナトリウム	治療
サンヨール	DBEDC	○	○	○					○	有機銅剤	予防
ヨネポン乳剤・水和剤	ノニルフェノールスルホン硝酸塩		○							有機銅剤	予防
カスミンボルドー	塩基性塩化銅		○							銅＋抗生物質	予防治療
	カスガマイシン塩酸塩										
ポリオキシンAl乳剤	ポリオキシン複合体		○							抗生物質	治療
クムラス	硫黄		○							無機硫黄	予防
アグコケア水和剤	バチルス ズブチリス		○							微生物剤	予防
ポリキャプタン水和剤	キャプタン	○	○							有機塩素＋抗生物質	予防治療
	ポリオキシン複合体										

【 花き類登録農薬　害虫 】

農薬名	有効成分名	ケムシ類	アザミウマ類	アブラムシ類	ハモグリバエ類	コナジラミ類	ハダニ類	農薬系統名
アドマイヤーフロアブル	イミダクロプクト			○				ネオニコチノイド
モスピラン水溶剤・顆粒水溶剤	アセタミプリド		○	○				ネオニコチノイド
スプラサイド乳剤・水和剤	DMTP					○		有機リン
オルトラン水和剤・粒剤	アセフェート	○	○	○				有機リン
マラソン乳剤	マラソン		○	○			○	有機リン
カルホス乳剤	イソキサチオン					○		有機リン
粘着くん液剤	デンプン						○	物理的阻害
コテツフロアブル	クロルフェナピル	○					○	呼吸酸素阻害
アファーム乳剤	エマメクチン安息香酸塩	○	○		○			マクロライド
プレオフロアブル	ピリダリル	○						プロペニルオキシフェニル系
フェニックス顆粒水和剤	フルベンジアミド	○						ベンゼンジカルボキサミド系
ラービンフロアブル	チオジカルブ	○						カーバメート
チェス顆粒水和剤	ピメトロジン			○		○		その他の合成殺虫剤・天然由来
ベニカS乳剤	ペルメトリン	○						合成ピレロイド
ニッソラン水和剤	ヘキシチアゾクス						○	ヘキシチアゾクス
ピラニカEW	デブフェンピラド						○	ピラゾール系
カネマイトフロアブル	アセキノシル						○	ナフトキノン
ダニサラバフロアブル	シフルメトフェン						○	シフルメトフェン
バロックフロアブル	エトキサゾール						○	エトキサゾール
ダニ太郎	ビフェナゼート						○	ビフェナゼート
マイトコーネフロアブル	ビフェナゼート						○	ビフェナゼート
マッチ乳剤	ルフェヌロン	○						IGR
ロムダンフロアブル	デブフェノシド	○						IGR
トリガード液剤	シロマジン				○			IGR
エスマニクDF	バチルス・チューリンゲンシス	○						BT

【 バラ害虫防除基準掲載農薬一覧 】

農薬名	有効成分名	ケムシ類	アザミウマ類	アブラムシ類	ハモグリバエ類	コナジラミ類	ハダニ類	農薬系統名
アクテリック乳剤	ピリミホスメチル	○		○				有機リン
トクチオン乳剤	プロチオホス			○				有機リン
ジェイエース粒剤	アセフェート			○				有機リン
ジェイエース水溶剤	アセフェート		○	○				有機リン
スミチオン乳剤	MEP			○				有機リン
アディオンフロアブル	ペルメトリン			○				合成ピレスコイド
ロディーくん煙顆粒	フェンプロパトリン						○	合成ピレスコイド
テルスターフロアブル	ビフェントリン						○	合成ピレスコイド
テルスター水和剤	ビフェントリン						○	合成ピレスコイド
マブリック水和剤	フルバリネート			○			○	合成ピレスコイド
ベニカ水和剤	クロチアニジン		○	○				ネオニコチノイド
ベストガード水溶剤	ニテンピラム			○		○		ネオニコチノイド
ダントツ粒剤	クロチアニジン		○	○				ネオニコチノイド
ダントツ水溶剤	クロチアニジン			○				ネオニコチノイド
アルバリン顆粒水溶剤 スタークル顆粒水溶剤	ジノテフラン			○	○	○		ネオニコチノイド
アドマイヤー1粒剤	イミダクロプリド			○				ネオニコチノイド
カスケード乳剤	フルフェノクスロン		○				○	IGR
プリンスフロアブル	フィプロニル		○					フェニルピラゾール系
オレート液剤	オレイン酸ナトリウム			○				その他の合成殺虫剤・天然由来
ダニトロンフロアブル	フェンピロキシメート						○	ピラゾール系
コロマイト水和剤	ミルベメクチン						○	マクロライド
ペンタック水和剤（施設栽培）	ジエノクロル						○	有機塩素

バラの栽培と農薬

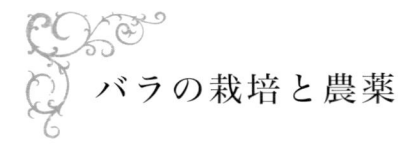

必要なケアをする

　世界中で環境保全が優先されるという大きな流れの中で、食物ではない花き植物の防除も減農薬へと向かっています。
　農薬についても、使用するのかしないのか、使用するのならどのように取り入れるのか。それぞれ個人で考え、栽培法を見出していくしかありません。
　私は防除するというスタンスをとっていますが、バラ苗生産者としての立場では、一定の基準を満たした苗を山梨の高温多湿の気候の中で農薬を使用せずにつくるということはできないといわざるをえません。家庭の庭の規模でも、苗の時、2～3年は病気や害虫のケアをすべきでしょう。バラは生きもの。最低限のケアは必要なのです。
　しっかりと3年以上育った接木仕立てのバラは、毎週消毒をしなくても育ちます。これは、いろいろな事例を見てきてわかったことです。
　つるバラはバラの中では樹勢も強く、病害虫にも比較的負けない傾向にありますが、まったくの無防備では育ちにくく、放っておいては、健やかに育つことはありません。
　一定期間、農薬などで防除するか、観察力を持って人の力で防除するか。2つの選択肢があると考えれば、バラとの暮らしも長続きすることでしょう。無理のない栽培スケジュールをたてることが、美しいバラづくりの一番の近道です。

薬剤の取り入れ方

　どのような環境でどれくらいのバラを栽培しているのかによって、薬剤の使い方も異なります。2つのケースを例におすすめしたい、薬剤の取り入れ方を紹介します。

■Case 1　1～2鉢のつるバラを育てている

　ベランダや家庭の庭で、1～2鉢のつるバラを育てる場合は、市販のエアゾールやスプレータイプの薬剤を使うといいでしょう。農薬を希釈をする手間がなく、5～10日の範囲の中で1日数分散布すればいいのです。
　特に黒点病がひどい状態なら1ヵ月くらい屋根の下においておけば、意外と回復してくることもあります。

■Case 2　数十本のつるバラを植えている

　ガーデンが広く、何十本ものバラを植えている場合は、まず半日陰になる場所を見つけて重点的に予防策を講じましょう。周囲にある庭木や草花などで陰になる株元や葉裏を中心に、3月から薬剤の散布を進めます。病害虫が広がりにくくなります。雨の前の予防もとても効果的です。9月末までに樹高の半分の葉が落ちなければ成功したと考えていいでしょう。

薬剤の取り入れ方

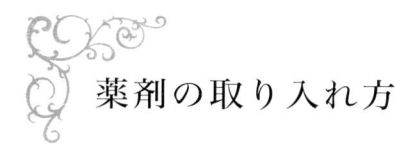

症状から診断する

　弱りかけのバラを見つけたら、特によく面倒を見ましょう。病気なのか、それとも根ぐされを起こしているのかなど、判断がつきにくい場合には、近くの緑の相談所もしくはバラ専門店へ持ち込んで診断してもらいましょう。

　症状の原因が判明し、早めに対処できることが、バラと末永く暮らしていけるコツです。

　私のお店でも、バラの鉢を持ち込んだり、写真を見せてくださったりして、ご相談を受けることが多いのです。私自身、診るのもはじめての頃は本当に正しい診断なのか、ヒヤヒヤすることもありました。しかし、5年、10年と続けているうちに、いくつかのパターンが見えてくるようになり、原因を判断できるようになりました。みなさんがバラのある生活を送る中で、そのアドバイザー役を担えたらと思っています。

　いまだに私は、できれば農薬散布は避けたいと思っています。これからもこの気持ちを持ち続け、育種者に伝えながら、品種の選抜についても取り組んでいきたいと考えています。

これからのバラ栽培

　現在は50年前よりも海外から入ってくる新品種はとても耐病性があり、育てやすくなってきています。「ガーデンローズは弱くない」といえる日も近くなり、栽培法もブランド別、樹形別に確立されつつあります。

　みなさんの「育てよう！」という温かい気持ちさえあれば、素直に育つバラがたくさん生まれます。最近、はじめてバラを育てた何人もの方から、「バラは難しいと思っていたけれど、簡単に育ちますね」といわれました。

　ヨーロッパの農作物の無農薬栽培優先の流れを考えてみても、これから生まれてくるバラは、以前の品種と比べられないほど強健なものになるでしょう。私も楽しみです。

　しかし、か弱いバラが儚(はかな)げで美しいのも確かだと思います。私たちはその点も踏まえたうえで、いろいろなバラの栽培方法を知っておくべきです。

　バラ栽培教室の生徒さんは、とても熱心な方が多く、独自に見つけた栽培法を教えてくれます。私が思っている以上に、個人レベルでも新しい育て方が確立されているのです。これらを指針に私も実践を続け、バラにも人にもやさしい、そして育てやすいバラづくりを目指します。

　これからも少しでも多くの方に、バラづくりを楽しいと思っていただけるよう努力していきたいと思っています。

INDEX

【ア】
アイバーズ・ローズ　14,151
安曇野（あずみの）　57,148,179
アッシュ・ウェンズデイ　111
アデレード・ドルレアン　81
アブラハム・ダービー　141
アメリカン・ピラー　115
アルティッシモ　120
アルヒミスト　102
アルベリック・バルビエ　42,73,75,179
アルベルティーヌ　84
アロハ　107
アワ・ベス　148
淡雪（あわゆき）　146
アンクル・ウォルター　13,120
アンジェラ　37,57,132
アンダー・ザ・ローズ　53,144
アンブリッジ・ローズ　14

【イ】
イエロー・ムタビリス　146
イングリッシュ・ヘリテージ　14,15,139

【ウ】
ヴァリエガタ・ディ・ボローニア　108
ウィズレー2008　14
ウィリアム・モーリス　14,106
ウィリアム・ロブ　150
ウェスターランド　57,101
ウルマー・ミュンスター　123

【エ】
エバーゴールド　98
エブリン　139

【オ】
オーギュスト・ジュルベ　13,35,49,79
オリーブ　53,134

【カ】
ガートルード・ジェキル　72,143
カクテル　71,134
カジノ　78

【キ】
ギー・サヴォア　53,143
ギスレヌ・ドゥ・フェリゴンドゥ　79
キモッコウバラ　12,73,78
キュー・ランブラー　83
キング　119

【ク】
クィーン・オブ・スウェーデン　140
クラウン・プリンセス・マルガリータ　103
グラハム・トーマス　14,137
クリムゾン・スカイ　122
クレパスキュール　37,136

【コ】
コーネリア　48,128
ゴールデン・ウィングス　147
ゴールデン・セレブレーション　137
ゴールデン・リバー　57,80
コンスタンス・スプライ　50,110

【サ】
ザ・ジェネラス・ガーデナー　53,135
ザ・フェアリー　153
サー・ジョン・ミルズ　72,110
サー・ポール・スミス　42,116
ザッツ・ジャズ　57,91
サハラ'98　103
ザ・プリンス　14
サリー・ホルムズ　136
サンセット・メモリー　102
サンダース・ホワイト・ランブラー　77

【シ】
ジ・オルブライトン・ランブラー　84
シー・フォーム　95
シティ・オブ・ヨーク　75,179
ジャクリーヌ・デュ・プレ　71,126
ジャスミーナ　112
シャポー・ドゥ・ナポレオン　150
シャンテ・ロゼ・ミサト　72,141
ジュード・ジ・オブスキュア　50,139
シュパリースホープ　140
新雪（しんせつ）　13,57,95
シンデレラ　71,110

【ス】
スイート・セレナード　52,151
スイート・ドリーム　127
スヴニール・デュ・ドクトゥール・ジャマン　72,119
スカーレット・クイーン・エリザベス　90
スパニッシュ・ビューティ　38,39,87
スペクトラ　100

【セ】
セシル・ブリュネ　57

【ソ】
ソレイユ・ロマンティカ　102
ソンブルーイ　96

【タ】
ダイナマイト　57,91
ダブリン・ベイ　70,122
玉蔓（たまかずら）　12,72,112
ダム・ドゥ・シュノンソー　149

【ツ】
紫燕飛舞（ツーエンフェウー）　150
つるアイスバーグ　57,70,95
つる天津乙女（あまつおとめ）　99

つるウェンディ・カッソンズ　88
つるうらら　70,117
つるゴールド・バニー　12,57,70,98
つるサマー・スノー　125
つるサラバンドゥ　57,122
つるジュリア → つるジュリア・ローズ　105
つるジュリア・ローズ　105
つるスヴニール・ドゥ・ラ・マルメゾン　110
つる聖火（せいか）　57,116
つるソニア　89
つるダブル・デライト　12,116
つるチャールストン　121
つるデンティ・ベス　107
つるパスカリ　78
つるパパ・メイアン　123
つるピース　99
つるピンク・シフォン　86
つるファイアーグロー　90
つるフォーティ-ナイナー　93
つるプリンセス・ミチコ　57,101
つるブルー・バユー　124
つるブルー・ムーン　57,94
つるプレジデント・L・サンゴール　91
つるフレンチ・レース　107
つるポンポン・ドゥ・パリ　114
つるマダム・カロリーヌ・テストゥ　12,112
つるマリア・カラス　12,88
つるミセス・サム・マグレディ　12,48,101
つるミニュエット　57,82
つるミミ・エデン　34,129
つるユキ・サン　97
つるラ・フランス　86
つるレディ・ヒリンドン　106

【テ】
デプレア・フルール・ジョーヌ　80
テラコッタ　121

INDEX

【ト】
トラディション　92
トレジャー・トローヴ　51,80
ドロシー・パーキンス　73,87
ドン・ファン　93

【ナ】
ナエマ　140

【ニ】
ニュー・イマジン　144
ニュー・ドーン　57,86,179
ニュー・ドーン・レッド　90

【ノ】
ノイバラ → ロサ・ムルティフローラ　96
ノヴァーリス　124

【ハ】
パークス・イエロー・ティー センティド・チャイナ　76
ハートフォードシャー　152
パーペチュアリー・ユアーズ　100
ハイ・ヌーン　98
ハイワサ → ヒアワサ　82
羽衣（はごろも）　57,114
バタースコッチ　57,104
パット・オースチン　147
ハニー・キャラメル　147
バフ・ビューティ　48,127
パレード　41,70,116
バレリーナ　57,71,130
バロン・ジロー・ドゥ・ラン　41,118
ハンブルガー・フェニックス　90

【ヒ】
ヒアワサ　82
ビアンヴニュ　140
ビエ・ドゥー　148

ピエール・ドゥ・ロンサール　38,39,48,109
ピンク・サマー・スノー　115
ピンク・プロスペリティ　129

【フ】
ファイルフェンブラウ　43,94
フィリス・バイド　104
フェリシア　133
フェリスィテ・エ・ペルペテュ　34,73,76
フォーチュンズ・ダブル・イエロー　14,104
ブノワ・マジメル　53,136
フラウ・カール・ドルシュキ　96
ブラッシュ・ノワゼット　57
ブラッシュ・ランブラー　55,82
ブラン・ピエール・ドゥ・ロンサール　53,96
フランシーヌ・オースチン　14,15,145
フランシス・E・レスター　57,135
フランソワ・ジュランヴィル　40,46,47,57,73,85
フランボワーズ・バニーユ　89
ブルー・マジェンタ　117
ブルームフィールド・アバンダンス　83
プレイリー・プリンセス　142
ふれ太鼓（だいこ）　102
プロスペリティ　71,125
フロレンティーナ　121

【ヘ】
ペネロペ　44,126

【ホ】
ポート・サンライト　44,138
ポールズ・ヒマラヤン・ムスク・ランブラー　12,57,81,179
ボビー・ジェノムス　52,77

【マ】
マーシャル ニール　79
マーメイド　78

【マ】
マジェンタ・スカイ　144
マダム・アルディ　146
マダム・アルフレッド・キャリエール　97
マダム・イザアック・ペレール　142
マダム・ピエール・オジェ　141

【ム】
ムンステッド・ウッド　14,15,35,151

【メ】
芽衣（めい）　12,36,37,55,131
メイ・クイーン　35,84

【モ】
モーヴァン・ヒル　105
モリニュー　146

【ユ】
雪あかり　12,13,54,125
夢乙女（ゆめおとめ）　12,54,57,129

【ヨ】
ヨーク・アンド・ランカスター　111

【ラ】
ラウブリッター　133
ラプソディー・イン・ブルー　57
ラベンダ・ドリーム　14,15,145
ラベンダー・フレンドシップ　153
ラ・ローズ・ドゥ・モリナール　143
ラマルク　76
ランブリング・レクター　57,77

【ル】
ルイーズ・オディエ　149
ルージュ・ピエール・ドゥ・ロンサール　117
ルーピング　80
ルッセリアーナ　115

【レ】
レイニー・ブルー　53,124
レーヌ・ヴィクトリア　71,113
レディ・オブ・シャーロット　138

【ロ】
ロイヤル・サンセット　103
ローズ・シナクティフ　145
ローズマリー・ヴィオード　93
ローゼンドルフ・シュパリースホープ　55,57,111
ロココ　20,21,57,108
ロサ・ガリカ・オフィキナリス　119
ロサ・ケンティフォリア　149
ロサ・スルフレア　154
ロサ・セティゲラ　12
ロサ・ダマスケナ　114
ロサ・バンクシアエ'ルテア' → キモッコウバラ　12,78
ロサ・ヒルトゥーラ　179
ロサ・フェティダ　147
ロサ・フェティダ・ペルシアーナ　100
ロサ・ミクルゴサ　179
ロサ・ムルティフローラ　12,96,179
ロサ・ムルティフローラ・アデノカエタ　83
ロサ・モスカータ　12
ロサ・ルキアエ　12
ロザンナ　88

コマツガーデンの
ローズ&グリーンライフスタイルショップ
ROSA VERTE ロザヴェール

　1968年に小松孝一郎が総合園芸店として創業し、1987年にコマツガーデンを設立。1989年からバラ苗専門店として生産販売を手がけるようになる。1990年、長女の後藤みどりが2代目を承継。豊かな大地に恵まれた山梨県白州農場でこだわりのバラを生産する。

　2015年4月に店舗を山梨県昭和市に移転。「みどりに包まれた空間」をテーマに、バラとグリーンのライフスタイルショップ「ROSA VERTE（ロザヴェール）」をオープンした。
　ガーデンではコーナーごとにさまざまなバラの植栽やバラのある庭づくりを提案。500種類のバラとバラに合う植物や、インテリアとして楽しめる観葉植物、園芸雑貨を扱い、季節を感じさせるディスプレイでお客さまを迎えている。
　実践型のバラ栽培教室「コマツローズクラブ」を毎年6月に開講。各地からバラ好きが集まり、実際にバラに触れながら栽培方法を学んでいる。
　日本全国で行われる講習会、講演会や、書籍などを通して、バラとともに緑化を啓蒙する活動を積極的に行っている。

全国で緑化のための啓蒙活動をしている。写真は2015年の「自由が丘 女神祭り」の様子

ROSA VERTE ロザヴェール
山梨県中巨摩郡昭和町上河東138
http://www.komatsugarden.co.jp/

バラを中心に、緑のある
暮らしを提案している

おわりに

　つるバラのしなやかな枝ぶりに魅せられて、バラの世界に入りました。いまだに飽きることのないさまざまなバラの魅力に毎年新鮮な発見があり、その美しさを再認識しています。

　日本のバラの育て方、楽しみ方が急速に多様化していく中で、本書の執筆にかかわり、一からつるバラを見つめ直す機会をいただきました。はじめてバラを育てた頃のことや夢中になってバラを集めていた時のこと、あまりにも大きく伸びたつるバラを前に剪定の仕方がわからず、途方に暮れてただ立ち尽くしたあの日、そして満開のつるバラに包まれて幸せに浸った日のこと。そんなバラとの思い出をたどりながら、前に進むべき指針を一つひとつ組み立てました。

　ただいえることは、バラの手入れの正解はひとつではないということ。それゆえにおもしろいのです。

　庭は進化し続け、バラはこれからもっと美しくなり、強くなります。これからは日本らしさを追求し、繊細で手の込んだバラづくりを世界へ発信していきたいと思っています。

　本書に関わってくださったすべての方に感謝し、これをスタートとして私も進化し続け、バラを楽しむ方を少しでも幸せにできるよう精進していきます。この本を手にとってくださったみなさまが、つるバラのある幸せな日々をおくれますように。

後藤みどり

■ 著者プロフィール

後藤みどり（ごとうみどり）

バラとグリーンのライフスタイルショップ「コマツガーデン」代表。2014年12月に「ROSA VERTE（ロザ ヴェール）」をオープン。日本ルドゥーテ協会 代表理事。NHK「趣味の園芸」で講師を務める他、フラワーデザインを学んだ感性をいかしたバラの咲く美しい景色作りを提案。初心者にもわかりやすい栽培のノウハウを伝授。バラ栽培教室も人気を博している。著書に『大地に薫るバラ』（草土出版）、『小さい家で楽しむ わたしのバラ庭づくり』（農山漁村文化協会）、『はじめてのバラづくり12ヵ月』、『美しいバラの庭づくり』（ともに家の光協会）、『オールドローズ＆イングリッシュローズ』（誠文堂新光社）、『美しく咲かせる 鉢バラ 育て方のポイント』（メイツ出版）。監修に『オールドローズギャラリー』、『バラ大図鑑2000』（ともに草土出版）がある。

■ 協力

山梨県立フラワーセンター ハイジの村　　タクト
石友　　　　　　　　　　　　　　　　　ソフト・シリカ
中山恵子　　　　　　　　　　　　　　　三洋発條（ベルツモアジャパン）
京成バラ園芸　　　　　　　　　　　　　ひめじせいか
デビッド・オースチン・ロージズ　　　　クレマコーポレーション
花ごころ

■ STAFF

編集・取材・執筆協力　　山口未和子
写真　　　　　　　　　　深澤慎平
装丁・本文デザイン　　　久保多佳子（haruharu）
協力　　　　　　　　　　佐分ひとみ

この1冊を読めば仕立て、誘引、デザイン、立体的な庭づくりなどすべてがわかる
つるバラ＆半つるバラ
NDC620

2016年3月19日　発　行

著　者　　後藤 みどり
発行者　　小川 雄一
発行所　　株式会社 誠文堂新光社
　　　　　〒113-0033　東京都文京区本郷3-3-11
　　　　　（編集）電話 03-5800-5779
　　　　　（販売）電話 03-5800-5780
　　　　　http://www.seibundo-shinkosha.net/

印刷・製本　　図書印刷 株式会社

© 2016, Midori Goto.　　　　　　　　　　Printed in Japan　検印省略

本書掲載記事の無断転用を禁じます。
万一乱丁・落丁本の場合はお取り替えいたします。

本書のコピー、スキャン、デジタル化等の無断複製は、著作権法上での例外を除き、禁じられています。本書を代行業者等の第三者に依頼してスキャンやデジタル化することは、たとえ個人や家庭内での利用であっても著作権法上認められません。

R〈日本複製権センター委託出版物〉
本書の全部または一部を無断で複写複製（コピー）することは、著作権法上での例外を除き、禁じられています。本書からの複写を希望される場合は、日本複製権センター（JRRC）の許諾を受けてください。
JRRC（http://www.jrrc.or.jp/　E-Mail：jrrc_info@jrrc.or.jp　電話：03-3401-2382）
ISBN978-4-416-51611-9